1판 1쇄 발행 2012년 10월 10일 | 1판 8쇄 발행 2019년 4월 25일
2판 1쇄 발행 2022년 1월 28일 | 2판 2쇄 발행 2023년 3월 17일
글쓴이 장성익 | **그린이** 박종호
펴낸이 홍석 | **이사** 홍성우 | **편집부장** 이정은
편집 박고은, 조유진 | **외주 편집** 스튜디오 플롯 | **디자인** 권영은, 김연서 | **외주 디자인** 신영미, 손현주
마케팅 이송희, 한유리, 이민재 | **관리** 최우리, 김정선, 정원경, 홍보람, 조영행, 김지혜
펴낸곳 도서출판 풀빛 | **등록** 1979년 3월 6일 제 2021-000055호
주소 서울특별시 강서구 양천로 583 우림블루나인 A동 21층 2110호
전화 02-363-5995(영업) 02-362-8900(편집) | **팩스** 070-4275-0445
전자우편 kids@pulbit.co.kr | **홈페이지** www.pulbit.co.kr
블로그 blog.naver.com/pulbitbooks | **인스타그램** instagram.com/pulbitkids

ISBN 979-11-6172-382-2 74530
     979-11-6172-283-2 (세트)

ⓒ 장성익 2012, 2022

*책값은 뒤표지에 표시되어 있습니다.
*파본이나 잘못된 책은 구입하신 곳에서 바꿔드립니다.

품명 아동 도서 　　　　**사용연령** 8세 이상
제조국 대한민국　　　　**제조년월** 2023년 3월 17일
제조자명 도서출판 풀빛　**연락처** 02-363-5995
주소 서울특별시 강서구 양천로 583 우림블루나인 A동 21층 2110호
주의사항 종이에 베이거나 긁히지 않도록 조심하세요.
　　　　　책 모서리가 날카로우니 던지거나 떨어뜨리지 마세요.
KC마크는 이 제품이 공통안전기준에 적합하였음을 의미합니다.

개정판 작가의 말

환경 토론,
참 공부를 위한 지식과 상상력 놀이

'사스, 메르스, 코로나19'와 같은 바이러스 질병을 겪으면서 많은 사람이 이런 이야기를 했습니다. 환경 문제가 얼마나 중요하고 또 심각한지를 새삼 깨달았다고 말입니다. 본래 동물 몸속에 있던 바이러스가 인간에게 전파된 가장 큰 원인은 동물 서식지 파괴입니다. 사람이 자연을 지나치게 망가뜨림으로써 생태계의 안정과 균형이 깨진 탓에 바이러스로 인한 재앙이 일어난 것이지요.

또 지구 온난화가 일으키는 기후 변화로 지구가 너무 뜨거워지고 있고, 그 바람에 인류의 지속 가능한 생존 자체가 위험하다는 경보음도 계속 울리고 있습니다. 그 와중에 숲·들·강·바다·공기 등을 비롯한 자연 생태계의 파괴와 오염, 에너지원과 자원의 고갈, 생물 종 다양성 감소 등과 같은 일들이 끊임없이 벌어지고 있습니다. 환경 문제는 이미 우리 생활 안에 깊숙이 들어와 있고, 경제와 사회 전반에 커다란 영향을 미치고 있습니다.

그런데 환경 문제나 환경 위기를 바라보는 시각은 하나가 아니라 여럿입니다. 같은 현상이나 사안을 두고서도 서로 다른 다양한 견해와 이론이 있다는 것이지요.

이를테면 한쪽에서는 지구 온난화가 인간 활동에 따른 온실가스 대량 배

출로 아주 빠르게 진행되고 있고, 그 결과 지구와 인류에게 엄청난 재앙을 일으킬 것이라고 합니다. 하지만 다른 한쪽에서는 지구 온난화가 꼭 인간이 배출하는 온실가스 탓만은 아니며, 과학 기술의 발달로 해결할 수 있는 문제이기 때문에 너무 호들갑을 떨 일은 아니라고 합니다.

  석유 고갈 문제도 한번 볼까요? 한편에서는 인류의 지나친 에너지 사용으로 석유가 빠르게 바닥나고 있기 때문에 석유를 대신할 재생 에너지 중심의 새로운 에너지 시스템으로 시급히 전환해야 한다고 강조합니다. 하지만 다른 한편에서는 아직 발견되지 않은 석유가 지구 곳곳에 많이 묻혀 있고, 새로운 기술 개발과 더 많은 투자로 석유를 계속 생산할 수 있기 때문에 석유 고갈을 크게 걱정할 필요는 없다고 주장합니다.

  다른 사안들도 크게 다르지 않습니다. 환경 문제와 깊은 연관이 있는 원자력 발전, 개발 및 경제 성장과 같은 현실적인 쟁점은 물론, 사람과 자연 그리고 동물을 어떻게 볼 것인가와 같은 철학적인 쟁점에서도 서로 다른 견해들이 부딪히며 뜨거운 논쟁이 이루어지고 있습니다.

  이런 상황에서 중요한 것은 뭘까요?

　무릇 환경 문제뿐만 아니라 어떤 주제나 쟁점도 그것을 제대로 알고 깊이 이해하기 위해서는 토론과 논쟁이 꼭 필요합니다. 내 생각만 옳다고 일방적으로 고집하는 것은 현명한 태도가 아닙니다.

　물론 충분하고 적절한 과정을 거친 뒤에는 어느 한쪽으로 결론을 내릴 수 있겠지요. 하지만 다양한 얘기들을 종합적으로 살펴보지도 않고 처음부터 어느 한쪽의 생각만 내세운다면, 그건 어리석고 편협한 일일 것입니다. 새는 한쪽 날개만으로는 날지 못하잖아요? 오른쪽 날개와 왼쪽 날개를 모두 갖추어야 비로소 새는 하늘을 힘차게 날 수 있습니다. 우리의 지식과 사고도 마찬가지입니다.

　또한 사람에게는 눈이 두 개, 귀가 두 개 있습니다. 반면에 입은 하나입니다. 이것은 무엇을 의미할까요? 마음을 열어 많이 듣고 많이 보되 말은 신중하게 하라는 뜻이 아닐까요?

　바로 그렇기 때문에 내 생각과는 다른 이야기, 내가 미처 알지 못했던 이야기, 새로운 관점과 지식과 상상력을 불어넣는 이야기들을 끊임없이 만나는 것, 그리고 그 속에서 자신의 생각과 지식을 더욱 날카롭게 가다듬고 풍

성하게 채워 나가는 것이야말로 참 공부의 길이라고 할 수 있습니다. 토론과 논쟁이 중요한 까닭이 바로 여기에 있지요.

  이 책의 밑바탕에는 이런 뜻이 깔려 있습니다. 그래서 책을 읽으면서 책에 담긴 이야기를 그냥 수동적으로 받아들이기보다는 책의 흐름에 따라 자신의 생각을 능동적으로 펼쳐 나가기 바랍니다. 나라면 이 문제에 대해 어떤 얘기를 할까, 나라면 이런 질문이나 반론에 어떻게 답변할까, 나라면 저런 주장을 어떻게 반박할까, 나라면 저런 의견을 좀 더 논리적으로 멋있게 펼칠 수는 없을까 같은 생각을 염두에 두고서 말입니다.

  그러는 과정에서 환경 문제를 더욱 폭넓고 깊이 있게 이해하는 것은 물론, 이 책이 다루고 있는 여러 환경 관련 주제에 대한 자신의 견해를 스스로 정리해 보기 바랍니다. 그럼으로써 이 책이 단순히 지식과 교양을 쌓는 것을 넘어 여러분의 논리력과 사고력을 높이고 상상력과 창의력 그리고 판단력을 키우는 데 도움이 되기를 기대합니다.

장성익

차례

작가의 말 004

'환경 토론 모임'을 만들다 010

1장 원자력 발전이 대안이다?

토론이란 무엇인가? 020 | 원자력 발전과 방사능은 얼마나 위험한가? 023 | 원자력은 친환경 에너지다? 031 | 원자력은 값싸고 경제적인 에너지다? 035 | 원전의 세계적 흐름은 어떠한가? 040 | 원전은 사회적 갈등을 일으킨다? 044 | 함께 정리해 보기 원자력 발전을 둘러싼 쟁점 051

2장 지구 온난화, 과연 재앙인가?

지구 온난화는 당연한 상식이다? 056 | 지구 온난화의 원인은 무엇인가? 059 | 지구 온난화의 피해는? 066 | 지구 온난화 예측은 정확한가? 070 | 지구 온난화 대응은 어떻게 해야 하나? 074 | 함께 정리해 보기 지구 온난화를 둘러싼 쟁점 083

3장 미래의 에너지는 무엇일까?

석유는 왜 중요한가? 088 | 석유는 고갈될까? 092 | 재생 에너지는 석유를 대신할 수 있을까? 098 | 재생 에너지 확대를 위해 할 일은? 104 | 함께 정리해 보기 석유 고갈과 미래 에너지를 둘러싼 쟁점 111

4장 보전이냐, 개발이냐?

새만금 사업과 개발 열풍 116 | 골프장은 좋은가, 나쁜가? 120 | 경제가 발전해야 환경 보전도 가능하다? 128 | 환경을 배려하는 경제가 살길이다? 133 | 환경과 경제의 어깨동무는 어떻게 가능한가? 137 | 함께 정리해 보기 개발과 보전을 둘러싼 쟁점 145

5장 사람이 지구의 주인이다?

개를 키우며 느낀 것들 150 | 동물은 사람과 같은 존재다? 152 | 자연은 우리에게 무엇인가? 161 | 자연과 사람의 공존은 어떻게 가능한가? 168 | 풀이나 뜯어 먹고 나무 열매나 따 먹자? 173 | 내가 실천할 수 있는 일들 176 | 또 다른 토론 공부 모임을 꿈꾸며 181 | 함께 정리해 보기 사람과 자연의 관계를 둘러싼 쟁점 183

'환경 토론 모임'을 만들다

엄마, 아빠의 말싸움

"아이고, 아직도 저런 문제가 있다니 정말 보통 일이 아니네."
"응? 그게 무슨 소리야?"
"일본의 원전 사고 말이야. 거 왜, 2011년에 일본 동북부 지역 후쿠시마라는 데서 엄청 큰 원자력 발전소 사고가 터졌었잖아."
"아, 그랬지. 10년도 더 지난 일이니 이제 사고 수습은 다 끝났겠지?"
"방사능 피해가 지금도 계속되고 있다는데, 끝나긴 뭐가 끝나? 바로 이웃 나라에서 벌어진 참사에 저렇게 관심이 없으니, 참 속도 편하시네."
"속이 편한 게 아니라 원전에서 사고 한 번 났다고 마치 세상이 뒤집어질 것처럼 호들갑 떠는 건 너무 심한 거 아냐?"
"휴, 천하태평이셔. 방사능 오염 때문에 원전 부근 지역은 아예 사람이 살 수도 없는 폐허로 변했다는 걸 몰라? 그곳 근처에서 난 수산물이나 채소 같은 건 팔리지도 않고, 혹시라도 방사능에 오염될까 봐 일본 여행을 꺼리는 사람도 많은 판에……."
"아, 물론 방사능이 무서운 건 사실이지. 하지만 그렇게 너무 걱정하고 불

안에 떠는 건 좀 심한 거 아니냐 말이지. 사고 한 번 났다고 원자력 발전을 무슨 끔찍한 괴물인 것처럼 몰아붙이는 건 잘못이야. 원자력 발전 없이 당장 전기를 어디서 얻을 거야? 그리고 에너지가 부족해지면 우리 생활은 얼마나 불편해지겠어? 경제는 또 어떻게 되고?"

"아이고, 답답한 양반이네. 사고 나는 걸 그런 식으로 우습게 여기니까 저런 엄청난 재앙이 닥치는 거 아니야. 우리나라도 원자력 발전소가 여기저기 많이 있으니 우리도 진짜 조심해야 해."

"어허, 걱정도 팔자시네. 어련히 알아서 안전 관리를 철저히 하겠지."

"아니, 그럼 일본이라고 안전 관리를 안 했겠어? 더구나 우리보다 선진국인데? 그런데도 한 번 사고가 터지니까 나라 전체가 완전히 쑥대밭이 되어 버리잖아. 결국 문제는 원자력 발전소 자체라니까. 저렇게 위험한 걸 도대체 왜 만드는지 모르겠어."

"거참, 말도 안 되는 소리. 원자력 발전이 우리한테 주는 혜택이나 이익도 생각해 봐야지. 원자력으로 만드는 풍부하고 값싼 전기 덕분에 우리가 이렇게 편히 살고 있다는 걸 몰라서 그래?"

"아니, 그렇게 지금 당장 편히 사는 것만 중요하면 석유도 그냥 마음대로 펑

펑 써 버려야겠네. 나중에 다 없어지든 말든 그게 무슨 상관이야? 안 그래?"

"허, 이 사람이 말이 심하네. 말이 나왔으니 하는 얘기인데, 석유도 그리 걱정할 거 없어. 당장 바닥날 것처럼 떠들어 대지만 요새 기술이 얼마나 빨리 발전하는지 알아? 새로운 기술로 새로운 석유를 얼마든지 찾아낼 수 있다고."

"하이고! 잘났어, 정말. 저 똥고집을 누가 말려. 아, 이제 그만. 이러다 싸움 나겠네."

다행히 엄마와 아빠는 그 정도에서 멈추었다. 더 티격태격하다간 진짜로 싸울지도 모를 판이었다. 어느 날 초등학교 5학년 진아는 가족과 저녁 식사를 끝내고 제일 좋아하는 체리를 입안에 쏙 넣어 오물오물 씹고 있었다. 그렇게 느긋한 기분으로 텔레비전을 보는 중이었는데 엄마, 아빠는 마침 에너지 문제를 주제로 일본 후쿠시마 원전 사고를 다룬 프로그램을 보고 말싸움을 벌인 것이다.

친구들과 함께하는 토론 공부 모임

진아도 물론 후쿠시마 원전 사고를 알고 있었다. 워낙 큰 사고였던 탓에 텔레비전 뉴스에서도 여러 번 봤고, 학교는 물론 학원 수업 시간에도 선생님이 얘기한 적이 있기 때문이다. 하지만 진아가 알고 있는 건 사고에 관한 것뿐이었다. 일본 동북부 지역을 엄청난 규모의 대지진과 쓰나미라 불리는 지진 해일이 덮쳤고, 그 때문에 원자력 발전소가 크게 망가져 방사능이 마구 누출되었다는 것, 그리고 그 피해가 상상을 초월한다는 것 정도만 알 뿐이었다.

정작 진아는 원자력 발전 자체에 대해서는 아는 게 별로 없었다. 그저 막연하게 전기를 만드는 에너지원 중의 하나라는 것, 우리나라에도 원자력 발전소가 곳곳에 있다는 것, 사고가 나면 방사능이 누출돼 위험하다는 것 정도만 알고 있을 뿐이었다.

한데 그날 저녁 엄마, 아빠가 실랑이를 벌이는 모습을 보고 진아는 궁금해졌다. '원자력 발전이란 게 대체 뭐길래 저러실까?' 그러면서 문득 이런 생각이 들었다.

'원자력 발전에 대해 좀 더 자세히 알아봐야겠구나. 그리고 이참에 여러

가지 환경 문제를 한번 공부해 보는 게 어떨까? 그러면 친구들한테 자랑하고 뽐낼 것도 많아질 거야. 영어, 수학 열심히 공부하고 시험 잘 치는 것만 중요한 게 아니잖아?'

사실은 작년에도 후쿠시마 사고의 피해가 너무 크고 오랫동안 지속되는 것이 놀라워서 원자력 발전에 대한 궁금증과 호기심이 부쩍 일었었다. 하지만 지금보다 더 어릴 때였기에 뭘 어떻게 해야 할지 알 수가 없었다. 그렇게 그만 시들시들해지다가 관심이 사그라지고 말았다.

하지만 이번엔 제대로 한번 알아봐야겠다는 생각이 강하게 들었다. 1년 새에 그만큼 성장했고 그에 따라 자연스레 새로운 것을 알고 싶어 하는 욕심도 커졌기 때문이다. 그래서 진아는 당장 다음 날 저녁 엄마, 아빠에게 이런 생각을 털어놓았다. 엄마, 아빠는 대찬성이었다. 남이 시켜서 억지로 하는 게 아니라 자기가 스스로 알아서 하는 게 진짜 공부라며, 기대하지도 않았던 칭찬까지 해 주었다.

그러면서 엄마는, 혼자서는 하기 힘들 테니 친구들 몇 명을 모아서 함께 공부하고 토론하는 모임을 만드는 게 좋지 않겠냐는 의견을 내놓았다. 여기에 아빠는 한 가지 의견을 더 보탰다. 그런 모임의 틀과 방향을 잡아 주고 토론을 이끌어 줄 수 있는 선생님이 필요하지 않겠냐는 것이었다. 진아는 엄마, 아빠의 말씀을 듣고 혼자보다는 친구들과 함께 힘을 모아 공부하는 게 더 좋겠다는 생각을 했다. 아무래도 처음 접하는 내용이다 보니 선생님, 친구들과 같이 시작하는 게 좋을 것 같았다. 진아는 역시 우리 엄마, 아빠라고 생각했다.

　'환경 토론 모임'은 이렇게 만들어졌다. 진아가 발 벗고 나서서 친구들을 설득한 결과 다섯 명의 친구를 모을 수 있었다. 같은 반의 민철, 유림, 혜은, 정수, 현준이 모임에 참여하기로 한 것이다. 담임 선생님에게 모임의 뜻을 애기하고 도움을 부탁하자, 선생님은 흔쾌히 승낙해 주었다. 그리고 서로 의논한 결과, 환경에 관련된 몇 가지 중요한 주제들을 정해서 토론회를 여는 것을 모임의 중심 활동으로 삼기로 했다.

　일을 여기까지 진행하자 진아는 뭔가를 이루어 낸 듯 뿌듯한 기분이 들었다. 물론 제대로 해 나갈 수 있을지 은근히 불안한 마음이 드는 것도 사실이었다. 하지만 진아는 곧 마음을 고쳐먹었다.

　'그래, 한번 부딪혀 보는 거야. 설사 중간에 어떤 문제나 어려움에 부닥치더라도 친구들과 힘을 합쳐서 함께 노력하면 해결할 수 있겠지. 기왕에 시작하기로 한 거, 한번 재밌게 해 보는 거야!'

1장

원자력 발전이 대안이다?

우리나라의 전체 전기 생산량 중에서 원자력 발전이 차지하는 비중은 30퍼센트가 훌쩍 넘어. 세계에서 손꼽을 정도로 높은 비율이지. 하지만 원자력 발전을 반대하는 목소리도 높아. 특히 2011년 3월 일본 후쿠시마에서 발생한 원자력 발전소 사고를 계기로 방사능이 얼마나 위험한지가 널리 알려지면서 원자력 발전을 둘러싼 논쟁이 더욱 뜨거워지고 있어. 여기서 쟁점은 크게 네 가지야.
첫째, 원자력 발전은 안전한가?
둘째, 원자력 발전은 친환경적인가?
셋째, 원자력 발전은 값싸고 경제적인가?
넷째, 원자력 발전은 사회적 갈등을 일으키는가?
이런 것들에 더해 원자력 발전은 지속 가능한 에너지인지, 원자력 발전의 세계적 추세는 어떠한지 등도 살펴보는 게 필요해.

원자력 발전을 찬성한다

민철 / 혜은 / 정수

원자력 발전은 석유나 석탄 같은 화석 연료와 달리 이산화탄소를 거의 배출하지 않는 친환경적인 에너지야. 그래서 지구 온난화 해결에 큰 도움이 되지. 전력 생산에 비용이 적게 들기 때문에 경제적이기도 해. 또한 원자력 발전은 경제 성장의 새로운 동력이 될 수 있고, 중요한 수출 품목이 될 수도 있어. 방사능이 위험하다지만 안전 관리를 철저히 하고 관련 기술을 발전시키면 그리 걱정할 것 없어. 또 원전 반대가 세계적 추세라지만 그건 일부 선진국에 국한된 얘기야. 경제 성장을 계속하려면 원자력 발전을 더욱 확대해서 대량의 에너지를 값싸게 공급해야 해.

원자력 발전을 반대한다

원자력 발전을 반대하는 가장 큰 이유는 너무나 위험하고 무서운 방사능 물질을 만들기 때문이야. 사고가 한 번 나면 엄청난 재앙을 피할 수 없거든. 또 원자력 발전은 경제적이지도 않고 그리 친환경적이지도 않아. 연료인 우라늄을 캐내는 데서부터 발전소를 짓고 폐기물을 처리하기까지의 모든 과정을 보면 비용도 엄청나게 들고 온실가스도 나오거든. 그 위험한 방사성 폐기물을 처리할 뾰족한 방법도 없고, 그 때문에 사회적 갈등이 일어나기도 하지. 우라늄 매장량에 한계가 있어서 지속 가능하지도 않아. 그러니 우리도 선진국처럼 원자력 발전을 없애거나 줄이는 방향으로 노력해야 해.

원자력 발전이 대안이다?

토론이란 무엇인가?

'와, 이거 장난이 아닌데? 처음부터 이렇게 힘들면 앞으로 어떡하지? 괜히 욕심만 앞서서 같이한다고 했나?'

인터넷에서 찾아낸 자료들을 훑어보던 현준이 속으로 연신 툴툴거렸다. 사흘 후에 있을 환경 토론 모임의 첫 번째 토론회를 앞두고 발표 내용을 준비해야 하는데, 이게 만만찮은 일이었다. 처음엔 대수롭지 않게 여겼다. 한데 막상 시작해 보니 어렵고 귀찮다는 생각이 불쑥불쑥 드는 걸 어쩔 수 없었다.

하지만 현준은 곧 '뭐, 다른 친구들도 마찬가지겠지.'라고 그냥 편안하게 생각하기로 했다. 그러면서 힘들어도 꾹 참고 한번 열심히 해 보겠다고 마음을 다

일본 후쿠시마 원전 사고

지난 2011년 3월 11일, 일본 동북부 지역 앞바다에서 규모 9에 달하는 엄청난 대지진과 쓰나미라 불리는 지진 해일이 발생했다. 그 결과 수만 명이 사망했고 인근 지역은 모조리 폐허가 되고 말았다. 뭍으로 밀어닥친 산더미 같은 바닷물로 인해 삽시간에 수많은 건물과 집들이 무너지고 부서지고 떠내려간 것이다. 더 큰 재앙은 사고 지역 근처의 후쿠시마에서 발생한 원자력 발전소 사고였다. 지진으로 인해 발전소가 부서지고 각종 설비가 망가지는 바람에 방사능이 대량으로 새어 나온 것이다. 사고 수습이 늦어지고 땅이든 바다든 먹거리든 가리지 않고 방사능이 무차별로 확산되면서 아직까지 일본 국민은 방사능 공포에 떨고 있다.

잡았다.

　준비 모임에서 1차 토론회 때는 원자력 발전 문제를 다루기로 결정했었다. 일본 후쿠시마에서 원자력 발전소 사고가 터진 이후에 원전 문제가 수많은 환경 문제 중에서도 가장 큰 주목과 관심을 모으고 있기 때문이었다. 토론 팀은 제비뽑기로 나누었다. 현준, 진아, 유림이 원전 반대 팀이 되었고, 혜은, 민철, 정수가 원전 찬성 팀이 되었다. 팀장은 현준과 혜은이 각각 맡기로 했다.

　현준은 팀장을 맡은 탓에 어깨가 더 무거워졌다. 토론회 준비를 하느라 끙끙

앓은 것도 그 때문이다. 하지만 그 와중에 현준은 준비 모임에서 선생님이 했던 말을 얼핏 떠올렸다.

"토론이란 건 누가 이기고 지는 승부가 아니야. 우선은 자신의 의견이나 주장을 분명한 근거를 가지고 얘기해야 해. 동시에 상대방의 얘기도 귀 기울여 잘 들어야 하고. 그러다 보면 자신이 몰랐거나 잘못 알고 있던 것을 새로 알게 될 수도 있고, 서로의 생각에 다른 부분이 뭔지 그리고 왜 그런지 등을 정확하게 이해할 수 있을 거야. 그러니까 토론이란 서로가 서로에게서 배우는 훌륭한 공부라고 할 수 있지."

원자력 발전과 방사능은 얼마나 위험한가?

　드디어 첫 토론회가 열리는 날.
　다들 조금씩 긴장하는 기색이 뚜렷했다. 동시에 약간의 흥분과 뭔가 의미 있는 일을 하고 있다는 자부심 같은 것도 모두의 얼굴에 묻어났다.
　"자, 이제 첫 토론회를 시작하겠습니다. 오늘의 주제는 원자력 발전이에요. 첫 토론이라 조금 서툴고 어색할 거예요. 하지만 서로 최선을 다해서 멋있는 토론이 되도록 노력하기로 해요. 다들 잘 알겠죠? 그럼 먼저, 원전 반대 팀의 얘기부터 들어 볼까요?"

선생님이 토론 시작을 알렸고, 팀장인 현준이 얘기를 시작했다.

"저는 원전을 반대합니다. 가장 큰 이유는 너무 위험하기 때문입니다. 원전은 한 번 사고가 나면 상상하기 힘든 엄청난 재앙을 일으킵니다. 2011년에 발생했던 일본 후쿠시마 참사와 1986년에 일어났던 체르노빌 참사를 보면 잘 알 수 있죠. 후쿠시마의 경우, 원전 반경 40킬로미터 이내 지역은 방사능 오염으로 인해 사람이 살 수 없는 죽음의 땅으로 변했다고 합니다. 원전 반경 200킬로미터 안에서 앞으로 암 환자가 수십만 명 이상 늘어날 거라고 예측하는 전문가들도 있고요. 땅도 바다도 방사능으로 다 오염됐기 때문에 사고 지역 근처에서 난 먹거리들은 아예 먹을 수도 없게 됐다고 합니다. 더 심각한 문제는 세월이 한참이나 흐른 지금도 방사능이 계속 나오고 있기 때문에……."

"잠깐만요, 방사능이 그렇게 위험하고 무서운 건가요? 혹시 후쿠시마 사고로 나온 방사능 때문에 직접 죽은 사람이 있나요? 지진 해일, 그러니까 쓰나미 때문에는 수많은 사람이 죽었지만 말입니다. 방사능의 위험성을 너무 과장하는 건 아닌가요?"

현준이 한창 발표하고 있는데 민철이 불쑥 끼어들어 질문을 던졌다. 그러자 선생님이 도움말을 주었다.

"발표하는 도중에 말을 끊는 건 삼가는 게 좋아요. 질문이나 반박할 게 있어도 꾹 참았다가 발표가 다 끝나고 나서 하는 게 토론에서 지켜야 할 예절이에요. 음, 하지만 앞으로 그렇게 하기로 하고 이번엔 질문을 받죠. 방사능 문제는 한번 짚고 넘어가는 게 좋을 것 같은데?"

현준은 난데없는 질문에 잠시 당황한 표정을 짓다가 입을 열었다.

체르노빌 원자력 발전 사고

지난 1986년 4월 26일, 과거 소련 영토였던 우크라이나의 체르노빌 원자력 발전소에서 발생한 사상 최악의 원전 사고다. 단기간에 9천 명이 사망했고, 인근 주민 수십만 명은 방사능 오염을 피해 다른 지역으로 강제 이주해야만 했다. 이후에도 오랜 세월 동안 수많은 사람이 죽었고, 아직까지도 많은 사람들이 암과 같은 갖가지 질병과 후유증에 시달리고 있다. 이때 누출된 방사능이 바람을 타고 유럽 전체로 퍼지는 바람에 이후 세계적인 원전 반대 여론을 일으키는 결정적인 계기가 되었다.

"네, 방사능에 한꺼번에 많이 노출되면 바로 죽기도 하지만, 그렇지 않더라도 오랜 세월을 거치면서 암이나 백혈병, 기형아 출산 등과 같은 치명적인 결과를 낳습니다. 그래서 원전 사고 직후에 바로 사망하지는 않더라도 장기간에 걸쳐 고통 속에서 서서히 죽어 가는 경우가 많아요. 체르노빌 참사가 바로 그런 경우입니다. 후쿠시마에서도 방사능 오염으로 인한 사망자가 이미 나왔습니다. 앞으로 사태가 어떻게 흘러갈지는 한번 지켜봐야 해요."

"그건 좀 비과학적이고 무책임한 말입니다. 방사능에 노출되고 나서 오랜 시간이 지난 후에 죽을 수도 있다고 했는데, 그렇다면 그 죽음이 과연 방사능 때문인지 다른 원인 때문인지 정확하게 증명하기가 어렵지 않을까요? 다른 병에 걸려서 죽을 수도 있잖아요?"

민철의 반박이었다. 허를 찔린 듯 현준은 머뭇거렸다. 그러면서 같은 팀의 진아와 유림을 번갈아 쳐다보며 도움을 요청하는 눈길을 보냈다. 결국 진아가 나섰다.

"네, 어떤 사람이 방사능 때문에 죽었다는 것을 명백하게 증명하는 건 어려울 수도 있습니다. 사실 체르노빌 사고의 경우 나중에 여러 곳에서 사망자 수를 발표했는데, 그 숫자가 서로 차이가 납니다."

"차이가 얼마나 납니까? 많이 나요?"

이번엔 정수가 질문을 던졌다.

"수천 명 정도라는 주장도 있고 20만 명에 이른다는 주장도 있습니다. 방사능 오염으로 후유증을 앓고 있는 사람도 적게는 수십만 명, 많게는 200만 명이 넘는다는 주장이 뒤섞여 있고요."

진아의 답변이 끝나자마자 정수는 의기양양한 말투로 바로 되받았다.

"그것 봐요. 그렇게 차이가 많이 나는 걸 보면 수십만 명이 죽었네 어쩌네 떠들어 대는 건 과장인 게 틀림없어요. 그렇게 정확하지도 않은 자료로 방사능에 대해 지나친 공포감을 불러일으키는 건 잘못입니다."

말문이 막힌 듯 진아의 얼굴이 조금 굳어졌다. 한 방 먹은 표정이었다. 그러자 그사이에 나름 생각을 가다듬은 현준이 입을 열었다.

"좀 전에 말했듯이 방사능 피해는 서서히 나타나면서 나중에 죽어 가는 사람이 훨씬 많습니다. 자료를 훑어보다가 깜짝 놀란 게 있습니다. 영국의 어느 신문에서 후쿠시마 사고로 장기적으로는 무려 100만 명이 사망할지도 모른다고 보도했다는 겁니다. 물론 그렇게 될지 어떨지는 세월이 한참 흐르고 나서야 알 수 있겠죠. 어떻든 방사능의 이러한 특성 때문에 정확한 사망자 숫자를 밝혀내기가 어려운 건 당연한 일입니다. 하지만 생각해 보세요. 단 한 번의 사고로 사망한 사람이 설사 수십만 명이 아니라 수만 명, 수천 명이라 하더라도 그게 작은 숫자입니까? 그리고 죽지는 않더라도 암 같은 무서운 병으로 평생 고통을 받으며 사는 사람은 훨씬 더 많습니다."

이번엔 잠자코 듣고 있던 같은 팀의 유림이 현준의 말을 이어받았다.

"뿐만이 아니에요. 체르노빌 사고 이후 근처에 살던 주민 37만 명이 살던 곳을 영원히 떠날 수밖에 없었습니다. 지금도 원전 30킬로미터 이내 지역은 사람들이 출입할 수 없다고 합니다. 아직도 방사능이 남아 있어서 위험하기 때문이죠. 이처럼 원전 사고가 터지면 아주 오랫동안 수많은 사람이 고통과 피해를

받을 수밖에 없습니다."

하지만 찬성 팀의 반격도 만만치 않았다.

"그건 너무 일방적인 주장입니다. 후쿠시마 사고는 지진 해일 때문에 일어났잖아요? 그런 자연 현상 때문에 일어난 사고 하나만 가지고 원전은 안 된다는 결론을 내리는 건 너무 성급합니다. 뭐, 그 정도의 큰 지진이 자주 일어나는 것도 아니고……."

"아니죠, 지진이 자주 일어나지 않는다고 해서 위험이 없어지는 건 아니잖아요? 단 한 번의 사고만으로도 엄청난 피해가 발생하는데 그런 피해를 일으키는 근본 원인을 가볍게 생각하면 안 되죠. 더구나 체르노빌 사고는 자연재해가 아니라 사람에 의해서 일어난 거예요."

두 팀 사이에 팽팽한 기운이 감도는 가운데 발

표가 계속 이어졌다. 목소리에선 긴장감과 함께 뭔지 모를 열의가 느껴지기 시작했다.

"체르노빌 사고는 오래전인 1986년에 일어난 일입니다. 안전 관리도 허술하고 기술 수준도 떨어지고 일 처리도 서툴렀던 때죠. 하지만 지금은 사고가 나도 방사능이 새 나가지 않도록 원자로를 강철과 콘크리트 같은 것으로 몇 겹이나 철통같이 에워쌉니다. 발전소 건물도 지진에 대비해서 아주 튼튼하게 만들고요. 이전에 비해 안전 관리를 아주 철저하게 하는 거죠. 또 앞으로 기술 개발을 계속하면 원전의 안전성은 더욱 높아질 겁니다."

"그렇다 해도 지진 해일과 같은 자연 현상은 정확하게 예측할 수 없습니다. 더구나 요즘은 지구 온난화로 인한 기상 이변 때문에 예측이 더욱 어려워지고 있죠. 또한 원전에는 무려 100만 개가 넘는 부품이 들어갑니다. 그중 하나라도 문제가 생기면 위험해지죠. 사람은 언제든 실수하기 마련인데, 원전에서는 작은 실수나 부주의가 곧 대형 사고로 이어질 가능성이 높습니다. 원전에 사용하는 물질 중에는 원자 폭탄의 재료로 사용할 수 있는 것도 있고요."

처음부터 두 팀 사이의 공방이 뜨거웠다. 그러자 토론의 물꼬를 돌리려는 듯 선생님이 나섰다.

"자자, 이 정도면 원전의 안전성 문제에 대해 짚어 볼 얘기는 대충 다 나온 것 같아요. 이쯤에서 다른 얘기로 넘어가죠. 이번엔 원전을 찬성하는 쪽의 주장을 한번 들어 볼까요?"

그런데 갑자기 현준이 "선생님, 한마디만 더하면 안 될까요?" 하며 불쑥 발언을 신청했다. 팀장이라 준비를 더 열심히 했는지 원전의 안전성에 대해 아직 할 말이 남은 모양이었다.

"저기, 다른 게 아니라 지금 우리나라를 포함한 동북아시아 일대가 세계에서 원전이 가장 많이 밀집한 지역이 되고 있다고 합니다. 우리나라와 일본은 본래부터 원전이 많은데 여기에다 중국이 급속한 경제 성장에 따라 원전을 엄청나게 늘리고 있기 때문이죠. 그런데 중국에서 원전 사고가 터졌다고 상상해 보세요. 그리고 1년에도 몇 번씩이나 중국에서 우리나라로 날아오는 황사를 떠올려 보세요. 방사능이 그렇게 날아오면 우리나라는 완전히 아수라장이 되지 않겠습니까? 또 자료를 보니까 후쿠시마 사고의 경우 원전 반경 30킬로미터 안에 사는 주민이 12만 명이었다고 합니다. 이에 비해 우리나라는 원전 반경 30킬로미터 안에 사는 주민이 4백만 명이 넘는다고 합니다. 사고가 나면 후쿠시마보다 훨씬 더 큰 피해가 생길 수밖에 없는 거죠. 이 점을 꼭 얘기하고 싶었습니다."

선생님이 빙그레 웃었다. 토론에 열심히 참여하고자 하는 의욕이 엿보였기 때문인 듯했다.

원자력은 친환경 에너지다?

선생님의 교통정리에 따라 발언에 나선 건 찬성 팀 팀장인 혜은이었다.

"네, 지금 반대 팀은 원전이 마치 끔찍한 재앙이나 일으키는 무서운 '괴물'이라고 단정하는 것 같습니다. 하지만 그건 과장이자 왜곡이고, 하나만 알고 둘은 모르는 무식한 소리입니다."

그러자 곧바로 소란이 일기 시작했다. "뭐? 무식한 소리라고?", "우리가 언제 괴물이라고 그랬어?" 같은 소리들이 반대 팀 쪽에서 동시에 튀어나온 것이다. 이에 맞서 찬성 팀 쪽에서는 "발표 중에 왜 떠들어?", "입 좀 다물어!" 같은 소리들이 일제히 터져 나왔다. 다시 선생님이 끼어들었다.

"다들 조용히! 아까도 말했지만 발표 중에 말을 끊으면 안 돼요. 그리고 상대방을 향해 '무식하다.' 같은 거친 표현을 쓰는 것도 안 좋아요. 이 점, 양쪽 다 명심해요. 자, 혜은이의 발표를 계속 듣도록 하죠."

그러자 혜은이가 반대 팀을 향해 눈을 흘기고 입을 삐쭉거리면서 다시 얘기를 시작했다.

"우리가 편리하고 쾌적하게 살 수 있는 건 전기가 충분하기 때문입니다. 우리나라에서는 그런 전기의 30퍼센트 이상을 원전이 공급하고 있습니다. 때문에 원전은 오히려 고맙게 여겨야 할 좋은 것이죠. 이런 원전의 큰 장점 중 하나는 친환경적이라는 겁니다. 요즘처럼 지구 온난화가 심각한 때에 원전은 이산화탄소 같은 온실가스를 배출하지 않습니다. 석유나 석탄 같은 화석 연료와는 달리 환경 보호에 큰 도움을 주는 깨끗한 에너지라는 거죠."

온실가스

지구 온난화의 원인이 되는 온실 효과를 일으키는 기체를 말한다. 이산화탄소, 메탄, 아산화질소 등이 대표적이다. 이산화탄소는 인간 활동에 의해 배출되는 전체 온실가스의 약 70~80퍼센트를 차지하며 주로 석유, 석탄, 천연가스 같은 화석 연료를 사용할 때 나온다. 메탄은 15~20퍼센트를 차지하며, 주로 농업, 축산, 쓰레기의 매립 및 처리 과정 등에서 나온다. 아산화질소는 농업에 사용되는 비료 등에서 나오는데, 전체 온실가스의 6~10퍼센트 정도를 차지한다.

"그렇다고 해서 원자력이 친환경 에너지인 건 아닙니다. 가장 큰 이유는 사람은 물론 환경과 생명 전체에 치명적으로 위험한 방사능 물질을 만들기 때문이죠."

곧장 반박하고 나선 건 유림이었다. 유림의 얘기가 이어졌다.

"그리고 단순히 전기를 만드는 과정만 따로 떼어서 볼 게 아니라 원자력 발전이 이루어지는 과정 전체를 보는 게 중요합니다. 원자력 발전을 위해서는 먼저 연료인 우라늄을 캐내고 운반하고 가공해야 합니다. 또 거대한 발전소를 건설해야 하고, 수명이 다하면 그것을 해체하고 철거해야 합니다. 전기를 만들고 나서는 각종 방사성 폐기물을 처리할 시설도 만들고 운영해야 합니다. 이 모든 과정에서 온실가스가 배출됩니다. 또한 방사성 폐기물 자체가 아주 위험한 물질이죠. 이런 걸 종합적으로 따져 보면 원자력을 친환경 에너지라고 하는 건 무리라고 할 수 있습니다."

"그렇게 따지더라도 원전이 다른 에너지에 비해 온실가스 배출이 적다는 것은 분명해요. 특히 앞으로 우리나라도 파리 기후 협약 같은 국제 환경 협약에 따라 의무적으로 온실가스 배출을 줄여야 합니다. 원전 말고 무슨 수로 이런 중대한 과제를 해결할 수 있겠습니까?"

다시 혜은이 반론을 제기했다. 그러자 현준이 약간 다른 얘기를 꺼냈다.

"바로 그 때문에 재생 에너지가 중요합니다. 태양, 바람, 파도 같은 재생 에너지를 확대하면 원자력도 대체할 수 있고 온실가스 배출도 줄일 수 있죠."

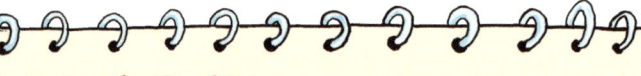

파리 기후 변화 협약

세계적 차원에서 갈수록 깊어 가는 기후 위기에 대응하자는 뜻으로 만든 새로운 국제 환경 협약이다. 2015년 12월, 이 협약을 채택한 회의 장소가 프랑스의 파리라는 도시여서 이런 이름이 붙었다. 세계 195개 나라가 참여한 이 협약에서는 지구 온도 상승 폭을 2도 아래로 억제하고 최소한 1.5도가 넘지 않도록 온실가스 배출량을 단계적으로 줄인다는 국제적 합의가 이루어졌다. 감축 목표는 5년마다 재조정하며, 현재 세계 기후 위기 대응의 포괄적인 지침이 되고 있다.

혜은이는 잠깐 생각하는 눈치더니 이렇게 되받았다.

"그건 장기적으로나 가능한 일이죠. 길게 보면 재생 에너지 쪽으로 가는 게 좋겠지만 그러려면 당장 돈도 엄청 들 것이고 시간도 많이 걸릴 거고 기술 개발도 해야 할 거고……."

"그렇다고 현실에 안주하는 건 더 안 좋은 거죠. 원자력 발전에 퍼붓는 그 많은 돈과 노력을 재생 에너지 쪽으로 돌리면 그런 문제들을 더욱 빠르고 쉽게 해결할 수 있을 겁니다."

얘기의 흐름이 얼결에 원전에서 재생 에너지 쪽으로 흘러갔다. 아니나 다를까, 선생님이 다시 나섰다.

"아, 잠깐만. 지금 원전 얘기를 하다가 갑자기 재생 에너지 얘기가 나왔네요. 물론 이 두 가지는 서로 깊은 관계가 있고 재생 에너지도 중요한 주제예요. 하지만 토론이 분산될 수도 있으니 오늘은 원전에 집중하는 게 좋겠어요. 재생 에너지에 대한 토론은 다른 기회에 또 할 수 있을 거예요. 자, 다시 돌아와서 원전의 장점에 대한 주장을 더 들어 볼까요?"

원자력은 값싸고 경제적인 에너지다?

그러자 이번엔 정수가 발언에 나섰다.

"네, 원전이 가진 또 하나의 큰 장점은 비용이 적게 드는 경제적인 에너지라는 겁니다. 원자력은 재생 에너지는 물론이고 석유, 석탄 같은 화석 연료에 비해 전기를 만드는 데 드는 비용이 가장 낮습니다. 또한 원자력은 첨단 과학 기술로 만들어지는 에너지입니다. 그래서 경제와 산업 발전을 이끌 수 있는 커다란 잠재력을 가지고 있어요."

이번에는 찬성 팀에서 원자력 발전의 장점으로 경제성에 대한 이야기를 꺼냈다. 자신감에 찬 정수의 발언을 들은 반대 팀의 진아가 주위를 쓱 둘러보면서 얘기를 시작했다.

"그런 주장은 부분만 보고 전체는 보지 않는 겁니다. 이미 가동 중인 원전에서 전기를 만들어 내는 데 들어가는 비용만 따로 떼어서 보면 싼 게 사실입니다. 하지만 원자력 발전소란 게 하늘에서 그냥 뚝 떨어지는 게 아니잖아요? 원전 1기를 건설하는 데만 무려 6~7조 원에 달하는 막대한 돈이 든다고 합니다. 거기다 방사성 폐기물 처리 비용, 사고 처리에 대비한 보험료 등도 엄청납니다."

"그리고 진짜 중요한 문제가 또 있습니다. 아직까지 우리 인류가 방사성 폐기물을 안전하고 완벽하게 처리할 방법을 찾지 못하고 있다는 게 바로 그 것입니다. 특히 사용 후 핵연료와 같은 고준위 방사성 폐기물이 그렇죠."

진아의 발언이 끝나자마자 현준이 또 다른 의견을 덧붙였다. 그러자 현준이 사용한 단어들이 어려웠는지, 찬성 팀 민철이 질문을 던졌다.

"저기, 잠깐만요. 사용 후 핵연료와 고준위 방사성 폐기물이란 게 뭔가요?"

"아, 네. 원전 폐기물에는 크게 두 가지 종류가 있습니다. 방사능 강도가 높아서 아주 위험한 고준위 폐기물이란 게 있고, 이보다는 방사능 강도가 낮은 중저준위 폐기물이란 게 있어요."

현준은 여기까지 답변하고 나서 나머지 설명은 같은 팀의 유림에게 넘겼다.

방사성 폐기물에 대한 상세한 준비는 유림이 해 오기로 사전에 역할 분담을 했기 때문이다.

"네, 고준위 폐기물은 전기를 만들고 나서 남은 핵연료를 말합니다. 중저준위 폐기물은 원전에서 나오는 작업복, 장갑, 필터, 윤활유, 기계 부품 같은 걸 말하고요. 이 중에서 고준위 폐기물의 안전한 처리 방법을 아직 찾아내지 못하고 있다는 겁니다. 너무 위험한 데다 길게는 수만 년, 수십만 년이나 지나야 방사능이 없어지기 때문이에요."

"이 정도로 어려운 일이니 거기에 드는 비용은 얼마나 크겠습니까? 그런데 여기서 끝나는 게 아니에요. 원자력 발전소의 평균 수명은 보통 30~40년 정도 된다고 합니다. 물론 수명을 연장하기도 하지만 그러면 위험성이 훨씬 커지죠. 어떻든 이렇게 수명을 다한 원전은 방사능 오염 때문에 깨끗하게 철거해야 합니다. 발전소 터와 주변 지역의 오염도 제거해야 하고요. 이 모든 일에 엄청난 돈이 들어갑니다. 원전의 전체 과정을 이렇게 다 따져 보면 원전은 값싼 에너지가 아니라 오히려 아주 비싸고 비효율적인 에너지라고 할 수 있어요."

유림의 얘기를 이어받은 건 진아였다. 진아의 차분하고도 조리 있는 설명에 찬성 팀은 좀 난감한 표정들이었다. 하지만 이내 혜은이 야무지게 입술을 한 번 오므렸다가 입을 열었다.

"음, 우리가 원전 덕분에 전기를 값싸고 넉넉하게 쓰고 있다는 사실을 알아야 합니다. 원전을 줄이거나 없앤다면 전기 가격이 올라갈 수밖에 없어요. 당장 우리들 집에서 내는 전기 요금부터 인상될 거예요. 전기를 대량으로 쓰는 공장 같은 산업체에서도 경제적 부담이 훨씬 커질 거고요. 그렇게 되면 우리 경제의 경쟁력이 떨어질 수밖에 없잖아요? 사람들의 생활과 나라 경제가 커다란 타격을 받을 거라는 거죠."

이번엔 반대 팀이 궁지에 몰렸다. 선뜻 나서는 사람이 없었다. 반대로 찬성 팀은 기세가 오른 듯 다들 어깨를 으쓱거렸다. 잠시 후 결국 팀장인 현준이 나섰다.

"자꾸 경제, 경제 하는데 경제만 내세우면 무조건 오케이입니까? 환경을 마구잡이로 파괴하면서 경제 성장만 중시하다 보니 환경 위기가 닥친 거 아닌가요? 그래서 '나쁜 경제'가 아니라 '좋은 경제'를 해야 합니다. 지금 당장은 값싼 전기를 제공하지만 길게 보면 경제적으로도 큰 피해를 입힐 원자력에 의존하는 경제는 잘못된 경제라고 생각합니다."

"아니, 그럼 경제가 중요하지 않다는 겁니까?"

"다른 건 무시하고 경제 하나만 일방적으로 강조하는 건 문제죠."

"그게 결국은 경제가 중요하지 않다는 말이잖아요?"

"내 말은 '나쁜 경제'가 아니라 '좋은 경제'를 해야 한다는 겁니다."

"아니, 원자력 발전이 경제에 큰 도움이 되는데 그게 왜 나빠요? 싸고 편하고 풍부하게 전기를 얻는 경제가 왜 잘못된 거냐고."

"휴, 참 답답하네. 그렇게 원자력 발전만 떠받들다가 사고라도 나면 책임질 거니?"

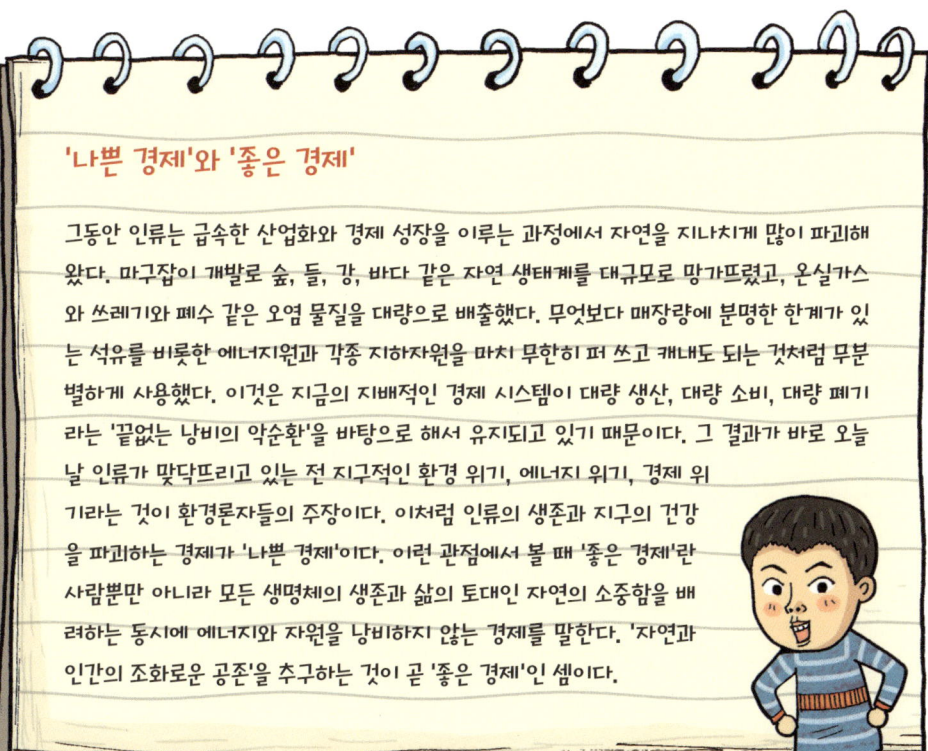

'나쁜 경제'와 '좋은 경제'

그동안 인류는 급속한 산업화와 경제 성장을 이루는 과정에서 자연을 지나치게 많이 파괴해 왔다. 마구잡이 개발로 숲, 들, 강, 바다 같은 자연 생태계를 대규모로 망가뜨렸고, 온실가스와 쓰레기와 폐수 같은 오염 물질을 대량으로 배출했다. 무엇보다 매장량에 분명한 한계가 있는 석유를 비롯한 에너지원과 각종 지하자원을 마치 무한히 퍼 쓰고 캐내도 되는 것처럼 무분별하게 사용했다. 이것은 지금의 지배적인 경제 시스템이 대량 생산, 대량 소비, 대량 폐기라는 '끝없는 낭비의 악순환'을 바탕으로 해서 유지되고 있기 때문이다. 그 결과가 바로 오늘날 인류가 맞닥뜨리고 있는 전 지구적인 환경 위기, 에너지 위기, 경제 위기라는 것이 환경론자들의 주장이다. 이처럼 인류의 생존과 지구의 건강을 파괴하는 경제가 '나쁜 경제'이다. 이런 관점에서 볼 때 '좋은 경제'란 사람뿐만 아니라 모든 생명체의 생존과 삶의 토대인 자연의 소중함을 배려하는 동시에 에너지와 자원을 낭비하지 않는 경제를 말한다. '자연과 인간의 조화로운 공존'을 추구하는 것이 곧 '좋은 경제'인 셈이다.

"아니, 지금 경제 얘기하다가 왜 쓸데없이 사고 얘기를 꺼내?"

토론이 바야흐로 말다툼으로 흘러가고 있었다. 그러다 보니 반말이 툭툭 튀어나오기까지 했다. 선생님이 긴급하게 나서지 않을 수 없는 상황이었다. 책상을 몇 번 손바닥으로 탁탁 치면서 선생님이 서둘러 입을 열었다.

"자, 다들 그만. 이거 원, 토론을 하자는 건지, 싸움을 하자는 건지……. 우선 지금 이후부터 토론 중엔 반말을 쓰면 안 돼요. 그리고 지금 보니까 비슷한 얘기를 반복하기도 하고, 엉뚱한 얘기가 끼어들기도 하고 그래요. 이러면 토론이 헝클어지죠. 자, 다시 방향을 잡죠. 원전의 경제성 문제에 대해 더 얘기할 사람이 있으면 발언하고, 없으면 다른 주제로 넘어가도록 해요. 알겠죠?"

다들 머쓱해졌다. 분위기도 좀 어색해진 것 같았다. 그러자 선생님이 분위기를 바꾸기 위해 일부러 발언을 독촉했다.

"음, 원전이 경제적이라고 주장한 쪽에서 먼저 얘기를 이어가는 게 좋을 것 같은데?"

원전의 세계적 흐름은 어떠한가?

"네, 제가 하죠. 원전이 만들어 내는 경제적 가치도 중요합니다. 특히 우리나라는 원전을 건설하고 운영하는 기술 수준이 높고 경험도 풍부한 편입니다. 이걸 잘 활용하면 원전이 경제를 발전시키고 수출을 늘리는 데 큰 역할을 할 수 있습니다. 또한 요즘 석유가 고갈되고 석유 가격이 너무 비싸서 걱정들이 많은데 원전은 이런 문제를 해결할 대안도 될 수 있죠."

민철이 얘기를 시작했고, 이에 맞서 반대 팀에선 진아가 나섰다.

"원전과 같은 위험한 기술로 돈벌이를 추구하는 건 문제라고 생각해요. 더구나 후쿠시마 사태 이후 세계적으로 원전 반대 여론이 커지고 있다는 점도 고려해야 합니다. 또한 원전이 석유 고갈의 대안이 될 수 있다고 했는데, 그런 주장엔 문제가 있습니다. 원전의 원료인 우라늄도 머지않아 바닥이 날 수밖에 없기 때문이죠."

그러자 유림도 입을 열었다.

"이런 점도 생각해 봐야 합니다. 우리나라는 세계적으로도 몇 손가락 안에 꼽힐 정도로 에너지 낭비가 심하잖아요? 그래서 에너지를 절약하고 에너지 효율을 높이는 게 절실합니다. 환경을 거의 파괴하지 않고 자원 고갈을 염려하지 않아도 되는 재생 에너지도 확대해야 하고요. 그런데 지금 당장 편리하다고 해서 원자력에 계속 의존하면 이런 중요한 일들이 자꾸만 늦어질 수밖에 없습니다."

원전 반대 팀의 발언이 계속 이어지자 잠자코 듣고 있던 찬성 팀의 정수가 할 말이 있는 듯 의자를 바싹 끌어당겼다.

"원전 반대 여론이 높아졌다지만 그건 일부 선진국에 국한된 얘기입니다. 중국과 인도, 중동의 여러 나라처럼 한창 경제 성장을 하는 곳에서는 오히려 원전을 확대하고 있죠. 경제 규모가 커지고 산업이 발전하면서 에너지 수요도 늘어나기 때문입니다. 우리나라도 마찬가지 아닐까요? 앞으로도 성장을 계속해야 하고 에너지가 더욱 많이 필요해질 겁니다. 이런 상황에서 대량의 에너지를 가장 효과적으로 공급할 수 있는 방법은 원자력입니다."

"원전이 없어도 경제 운영을 잘할 수 있습니다. 앞으로 원전을 모두 없애겠다고 선언한 독일, 스위스, 이탈리아 같은 나라들을 보세요. 이들이 경제

는 내팽개치고 그런 결정을 내렸겠습니까? 원전 없이도 경제를 잘 꾸려 갈 방법과 자신이 있으니까 그런 거죠. 일본만 봐도 그렇습니다. 후쿠시마 사고 이후에 전국의 원전 가동을 거의 전부 중단했지만 경제나 사람들 생활에 별다른 문제가 일어나지 않았습니다."

"외국과 우리는 처한 상황이나 조건이 다릅니다. 그들이 뭘 한다고 해서 우리가 무조건 따라 해야 하는 건 아니죠. 또 모든 선진국들이 원전을 폐기하겠다는 건 아니잖아요? 마치 원전을 없애야 선진국이 될 것처럼 주장하는 건 잘못이라고 생각합니다."

"완전 폐기까지는 아니더라도 원전을 단계적으로 축소하거나, 최소한 새로운 원전은 더 이상 만들지 않겠다는 나라는 상당히 많습니다. 우리나라도 이렇게 가야 합니다. 그러면서 재생 에너지 확대, 에너지 절약과 효율 향상 등을 동시에 추진하면서 원자력을 대체해 나가야 하는 거죠. 이게 세계적인 흐름이에요."

두 팀의 공방이 계속되었다. 하지만 토론에서는 주제에 따라 시간을 적절히 안배하는 것도 중요하다. 이를 감안해서 결국 선생님이 나섰다.

"네, 양쪽 얘기 잘 들었어요. 원전과 경제의 관계, 원전의 국제 동향에 관한 얘기는 이 정도면 충분히 된 것 같아요. 자, 이제 한 가지만 더 토론하죠."

서서히 마무리 단계로 접어들고 있었다. 좀 전에 말다툼을 한 탓인지 다들 조금은 지친 기색이기도 했다. 선생님의 얘기가 이어졌다.

"그건 바로 원전으로 인한 사회적 갈등이라는 문제예요. 예를 들면 원자력 발전소나 방사성 폐기물 처리장 터를 정할 때 분쟁이 자주 일어나요. 지역 주민들이 자기가 사는 곳에 이런 시설이 들어서는 걸 반대하는 경우가 많기 때문에 원전을 추진하는 쪽과 반대하는 주민들 사이에 충돌이 벌어지는 거죠. 우리나라에서는 방사성 폐기물 처리장 터를 정하는 과정에서 특히 그랬죠. 이에 대해서 누구 얘기할 사람?"

원전은 사회적 갈등을 일으킨다?

현준이 흠흠 하면서 목소리를 가다듬더니 얘기를 시작했다.

"바로 그 문제 때문에 우리 사회가 약 20년 동안이나 시끌시끌했죠. 지금은 경주로 간신히 자리를 결정했지만, 서해 쪽 섬인 안면도와 굴업도 그리고 전라북도 부안에서는 난리가 났었습니다. 갈등이 그렇게 커진 가장 큰 이유는 정부가 처리장 터를 일방적으로 결정했기 때문입니다."

"음, 하지만 모든 책임을 정부에게만 돌릴 수 있을까요?"

문제 제기를 한 건 혜은이었고, 현준이 답변에 나섰다.

"자료를 보면 정부 책임이 가장 큰 건 사실인 것 같더라고요. 지역 주민들의 의견을 거의 완전히 무시했거든요. 반대하는 주민들을 힘으로 억눌렀습니다. 반대 시위에 참여한 주민들을 잡아다 감옥에 가두기도 했고요. 그 때문에 한집안 식구들끼리 서로 얼굴도 안 볼 정도로 커다란 갈등과 혼란을 겪었죠. 이처럼 원자력은 민주주의를 망가뜨리고, 주민들을 괴롭히고, 분쟁과 갈등을 조장하는 매우 부정적인 에너지라고 할 수 있습니다."

"그거야말로 일방적인 주장입니다. 원자력 발전소의 경우는 자기 지역에 들어오는 것을 찬성하는 사람도 많습니다. 발전소가 들어오면 지역 경제가 발전하고 일자리가 늘어나기 때문이죠. 또 정부에서 다양한 지원과 혜택을 제공해 줍니다. 그러면 지역 주민들에게도 이익이 돌아가는 좋은 일이 아닌가요?"

현준의 말을 되받은 것은 정수였다. 하지만 곧 현준의 반박이 이어졌다.

"그게 바로 문제입니다. 주민들의 반발이 심할 것 같으니까 돈과 같은 달콤한 미끼를 자꾸 주는 거잖아요? 원전 찬성 여론이 높은 것도 알고 보면 정부와 원전 추진 쪽의 일방적인 홍보 때문인 경우가 많습니다. 실제로 후

방사성 폐기물 처리장을 둘러싼 논란

우리나라에서 원전 폐기물 처리 시설인 방사성 폐기물 처리장을 선정하는 과정은 아주 힘들고 복잡했다. 정부는 1990년 서해의 안면도, 1994년 서해의 굴업도, 2003년 전라북도 부안 앞바다의 위도 등지에 방사성 폐기물 처리장을 만들려고 했으나 번번이 실패하고 말았다. 일방적인 밀어붙이기식으로 일을 강행한 탓에 지역 주민들의 격렬한 반대에 부딪혔기 때문이다. 그 과정에서 환경 단체와 종교계 등을 중심으로 전국적인 반핵 운동이 불붙기도 했다. 결국 2005년에 3천억 원의 특별 지원금을 비롯한 갖가지 혜택을 주겠다는 약속을 내걸고서야 경상북도 경주로 간신히 결정했다. 하지만 경주에서도 지원금을 누가 어디에 사용할지를 놓고 다툼이 일어나고, 처리장 터가 안전하지 않다는 증거들이 뒤늦게 드러나면서 지금도 혼란이 계속되고 있다.

쿠시마 사고 이후에는 이전에 원자력 찬성 비율이 높던 곳에서도 반대 여론이 크게 높아졌다고 합니다. 그건 주민들이 원자력의 실체에 눈을 떴기 때문이죠."

그러자 가만히 듣고 있던 혜은도 한마디 하면서 끼어들었다.

"세상에 모든 사람을 다 만족시키는 일은 없잖아요? 무슨 일을 추진할 때마다 반대가 좀 있다고 해서 다 포기한다면 제대로 할 수 있는 일이 있겠어요? 특히 원전처럼 사회적으로 중대한 일은 필요하다고 결론을 내렸으면 과감하게 추진하는 것이 국가가 해야 할 일이 아닐까요?"

그러자 대뜸 진아가 반박하고 나섰다.

"그건 위험한 생각입니다. 그럼 국가가 추진하는 일이라면 모두가 군소리 없이 무조건 따라야 한다는 건가요? 그건 민주주의가 아니죠. 오히려 반대로, 크고 중요한 일일수록 더욱더 많은 사람에게 동의와 이해를 열심히 구해야 하지 않을까요? 또 그럴수록 민주적으로 토론하고 의견 수렴도 많이 해야 하

시간만 낭비입니다!

지 않을까요? 그래야 그 일이 성공할 수 있으니까요."

"민주주의는 물론 중요하죠. 하지만 일의 효율과 속도도 중요합니다. 무슨 일이 있을 때마다 수많은 사람에게 일일이 의견을 다 물어보고 동의를 구해야 한다면 그 일을 언제, 어떻게 끝마칠 수 있겠습니까. 성과는 없이 시간만 낭비하고 일도 흐지부지되지 않겠습니까?"

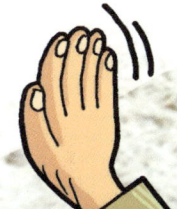

그건 민주주의가 아니죠!

이번엔 민철이었다. 토론회 막판에 너도나도 한마디씩 발언에 나서면서 분위기가 다시 뜨거워졌다.

"저기, 잠깐만……."

양쪽의 공방을 지켜보던 선생님이 드디어 입을 열었다.

"우리나라에서 원전을 둘러싸고 갈등이 심했던 건 사실이에요. 그리고 그렇게 된 데에는 정부가 민주적으로 일 처리를 하지 않았던 탓이 큰 것도 부인하기 어렵고요. 결국 과제는 민주주의를 실천하면서 일도 효율적으로 잘 처리할 수 있는 방법을 찾는 거겠죠?"

그러면서 선생님은 이제까지 원전을 둘러싼 중요한 쟁점들은 거의 다 다루

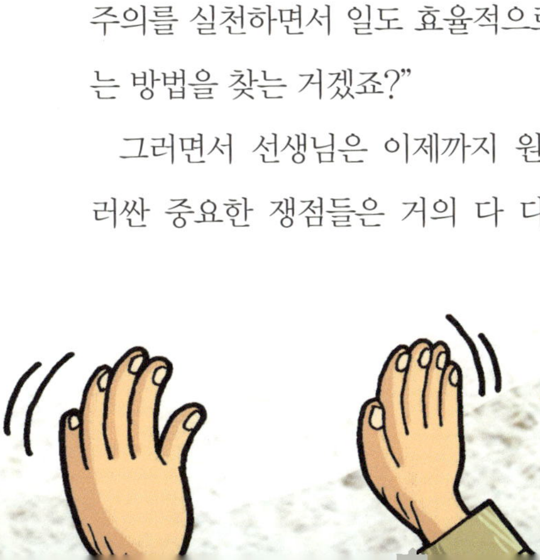

었으니, 두 팀장이 정리 발언을 하는 것으로 토론회를 마치자고 제안했다. 친구들의 박수를 받으며 앞으로 나온 현준과 혜은이 한 얘기는 그리 다르지 않았다.

첫 토론회라 긴장하고 서툴렀지만 큰 재미와 보람을 느꼈다는 것, 찬성이냐 반대냐를 떠나 원자력 발전에 대한 좋은 공부가 되었다는 것, 다음엔 더 신나고 멋있는 토론회가 되도록 열심히 준비하겠다는 것 등이 주요 내용이었다.

두 팀장의 얘기가 끝나자 선생님이 마지막으로 마무리 발언을 하기 위해 자리에서 일어났다. 그런데 그때 정수가 불쑥 "저기요!" 하면서 손을 들었다. 할 말이 있다는 표시였다. 다들 의아해하는 가운데 선생님이 눈짓으로 '무슨 일이야?' 하고 물었다. 그러자 정수가 뒷머리를 긁적이며 조그만 소리로 입을 열었다.

"저기, 이런 얘기를 해도 되는지 모르겠는데요……."

정수가 선뜻 본론으로 들어가지 못하고 미적거리다 마음을 굳힌 듯 달싹거리던 입을 다시 열었다.

"음, 저는 본래 원전 찬성 팀 입장에서 토론 준비를 했고 또 그런 입장에서 발언을 했습니다. 그런데 토론을 하다 보니 점점 원전 반대쪽의 논리나 주장이 더 옳은 게 아닌가 하는 생각이 들었습니다. 같은 팀원들한테는 미안한데, 원전이 엄청 위험하다는 건 아무리 봐도 사실인 것 같고, 사고가 한번 나면 진짜 어떤 대책도 쓸모없겠구나 하는 생각이 들거든요. 잘은 모르겠지만, 이런 시한폭탄 같은 걸 경제 성장이니, 생활의 편리니 하는 핑계로 끌어안고 있는 건 좀 어리석은 일이 아닌가 합니다."

정수가 말을 마치자마자 같은 팀의 혜은과 민철의 입에서는 "야, 그게 무슨 소리야?", "뭐라고? 우릴 배신하는 거야?"라는 소리가 동시에 튀어나왔다. 정수는 쑥스러운 표정으로 "아니, 그게 아니라······." 하면서 우물쭈물 말끝을 흐렸다. 반면에 반대 팀원들은 다들 만족스러운 얼굴로 서로를 번갈아 보면서 연신 고개를 끄덕끄덕했다. 이런 광경을 흥미롭게 지켜보던 선생님이 엷은 미소를 띤 채 말했다.

"와! 이거, 첫 토론회부터 아주 재밌네요. 중간 중간에 조금씩 문제가 있긴 했지만, 이 정도면 그런대로 잘된 것 같아요. 방금 정수가 한 얘기도 괜찮았어요. 바로 이래서 토론을 생생한 공부라고 하는 거예요. 다른 친구들도 정수처럼 토론하는 과정에서 생각이 얼마든지 바뀔 수 있으니까, 기분 나빠할 것도 없고 좋아할 것도 없어요. 정수처럼 솔직하게 자기 생각을 얘기하는 게 훌륭한 태도예요. 자, 아무튼 오늘 주제는 원자력 발전이었는데, 찬성과 반대를 떠나 원자력 발전을 더 깊이 생각해 보는 자리가 되었다면 좋겠네요. 그리고 실제로 중요한 건 오늘 토론 내용을 일상생활에서 어떻게 실천하느냐 하는 거예요. 예를 들어 만약 원전을 줄이거나 없애는 게 바람직하다면 그것을 위해서는 에너지를 절약하는 생활 습관을 기르는 게 필수겠죠. 쓸데없이 켜져 있는 전등은 끄고, 텔레비전이나 컴퓨터도 딱 시간을 정해서 사용하고, 가까운 거리는 걸어 다니는 것 같은 실천들이 별거 아닌 것 같지만 사실은 아주 중요해요. 알겠죠? 자, 다들 애썼어요. 모두 박수!"

이렇게 첫 토론회가 끝났다. 집으로 돌아오는 길에 진아는 좀 피곤해도 중요한 시험을 마친 것 같은 후련한 마음에 발걸음이 가벼웠다. 그러면서 오늘 자신이 한 얘기와 다른 친구들이 한 얘기들을 곰곰이 되짚어 보았다.

　토론 중간에 말다툼을 벌인 것도 마음에 좀 걸리고 토론의 내용도 썩 만족스러운 것 같지는 않았지만, 선생님 말씀대로 이 정도면 나름 잘했다는 생각이 들었다. 그러고는 짐짓 주먹을 세게 쥐며 마음을 다졌다.

　'그래, 첫술에 배부를 순 없잖아? 다음번엔 더 열심히 준비해야지. 그래서 더 알차고 멋진 토론을 해 보는 거야.'

함께 정리해 보기
원자력 발전을 둘러싼 쟁점

원전을 찬성한다	논쟁이 되는 문제	원전을 반대한다
안전 관리를 철저히 하고 관련 기술을 개발하면 괜찮다.	원자력 발전은 안전한가?	사고 가능성이 늘 있고 한 번 사고가 터지면 재앙을 피할 수 없다.
온실가스 배출이 거의 없다.	원자력 발전은 친환경적인가?	전 과정을 보면 온실가스 배출이 있다.
발전 단가가 아주 낮다.	원자력 발전은 경제적인가?	전 과정을 보면 비용이 매우 많이 든다.
중국, 인도, 중동 등 경제 성장 지역에서는 원전을 확대하고 있다.	원자력 발전의 세계적 추세는 어떠한가?	유럽 등 선진국 중심으로 원전을 없애거나 줄이는 것이 세계적 흐름이다.
갈등과 반대가 있더라도 국가의 중요 정책으로 강력하게 추진해야 한다.	원자력 발전을 둘러싼 사회적 갈등과 민주주의	주민 반대가 심하고 지역 분열을 일으키기 때문에 함부로 추진해선 안 된다.

2장
지구 온난화, 과연 재앙인가?

지구 온난화는 오늘날 가장 심각하고 절박한 지구적 환경 위기의 상징으로 여겨지고 있어. 지구 전체가 더워지면서 기후 변화와 기상 재난, 환경 파괴, 생태계의 혼란 같은 여러 가지 문제들이 일어나 인류와 지구의 생존 자체를 위협하고 있다는 거지. 하지만 지구 온난화의 원인이 무엇인지, 피해는 어느 정도인지, 앞으로는 얼마나 진행될지, 대응은 어떻게 해야 하는지 등을 둘러싸고 서로 다른 견해들이 맞부딪히고 있어. 그래서 여기서는 지구 온난화가 인간 활동의 결과인지 아니면 자연 현상인지, 사람과 자연을 위기로 몰아넣는 재앙인지 아니면 별 어렵지 않게 해결할 수 있는 문제인지 등을 잘 따져 봐야 해.

지구 온난화는 재앙이다

현준

진아
진아팀

유림

지구 온난화는 심각하고도 수많은 피해를 일으키는 아주 중대한 환경 문제야. 기후 변화로 인한 자연 생태계의 파괴와 교란, 바닷물 수위 상승, 식량 생산 감소 등이 그 보기들이지. 태풍, 홍수, 가뭄 같은 기상 재난도 더 심해지고 있고. 온난화는 급속한 산업화와 경제 성장을 비롯한 인간 활동에서 나오는 엄청난 온실가스 때문에 일어나는 거야. 석유, 석탄, 천연가스 같은 화석 연료를 너무 무분별하게 사용한 탓이지. 그 결과 지구와 인류의 생존 자체가 위기에 빠졌어. 이런 온난화를 방지하기 위해 세계적 차원에서 더욱 철저한 대비책을 마련하고 실천하는 게 시급해.

지구 온난화는 과장이다

지구 온도가 조금 높아졌다고 해서 세상이 망할 것처럼 너무 호들갑을 떨 필요는 없어. 지구 온난화는 그냥 자연 현상이야. 물론 인간 활동의 영향도 조금은 있겠지만, 태양 활동과 같은 자연적인 변화에 따른 결과라는 거지. 지구의 오랜 역사를 돌아봐. 기후란 게 본래 추워질 때도 있고 더워질 때도 있는 거야. 온난화가 꼭 나쁜 것만도 아니야. 날씨가 따뜻해지면 좋은 점도 있는 거지. 온난화 예측도 과학적이지 않고 지나치게 과장됐어. 그래서 온난화보다 더 절박한 문제들을 해결하는 게 더 중요하다고 할 수 있어. 가난한 나라의 기아 문제 같은 것들 말이야.

지구 온난화, 과연 재앙인가?

지구 온난화는 당연한 상식이다?

"오늘은 빨리 끝나겠지?"

"당연하지. 뭐, 특별히 치고받고 할 만한 내용이 없잖아?"

"그래서 하는 말인데, 오늘 주제를 좀 잘못 정한 거 아냐? 다들 아는 빤한 얘기를 가지고 굳이 토론까지 할 필요가 있냐는 거지."

"그러게……. 사실 자료들을 훑어봐도 대충 비슷비슷한 내용이었잖아? 새롭고 다른 얘기가 얼마나 나올지 모르겠네. 그나저나 저쪽 팀은 준비를 어떻게 했을까?"

하루 중 가장 즐거운 점심시간. 진아와 현준이 교실 구석에 마주 앉아 쑥덕쑥덕 얘기를 나누고 있었다. 수업이 모두 끝난 후에는 환경 토론 모임의 두 번째 토론회가 열릴 예정이다. 토론회 준비 상황을 마지막으로 점검하기 위해 후딱 점심을 먹어 치우고 같은 팀원들끼리 모인 것이다.

그런데 얘기의 흐름이 좀 수상쩍었다. 곧 열릴 토론회에서 발언할 내용을 서로 점검하고 조율하는 게 아니라, 주제 선정이 잘못됐다느니 오늘 토론회는 필요 없다느니 하는 식의 얘기만 나오고 있었다.

두 번째 토론회의 주제는 지구 온난화였다. 사전 준비 모임에서 오늘날 전 세계적으로 가장 심각하고 절박한 환경 문제인 지구 온난화를 오늘 토론회의 주제로 하기로 의견이 모였던 것이다.

이에 따라 진아, 유림, 현준이 지구 온난화는 인류와 지구의 재앙이므로 철저한 대비를 서둘러야 한다는 입장에서 토론 준비를 하기로 했다. 이에 맞서 민철, 혜은, 정수는 지구 온난화가 너무 과장된 주장이고 그리 크게 걱정할 일이 아니라는 입장에서 토론을 하기로 역할을 나누었다. 그리고 이번에는 진아와 민철이 각각 팀장을 맡기로 했다.

그러니까 진아 팀은 이런 생각들을 하고 있었다. 지구 온난화가 재앙이라는 건 당연한 상식 아닌가? 이 때문에 전 세계 곳곳에서 피해를 보고 있고, 수많은 나라가 온난화의 원인인 이산화탄소 같은 온실가스를 줄이려고 노력하고 있다는 것도 모두가 아는 사실 아닌가? 한마디로, 이처럼 누구나 다 알고 있고 수많은 사람의 의견이 일치하는 문제를 두고 이러쿵저러쿵 토론할 내용이 무어 특별히 있겠냐는 것이다.

한데 조금 뒤늦게 참석한 같은 팀의 유림이 하는 얘기는 약간 달랐다.

"그런데 자료를 자세히 살펴보니까 꼭 그런 것만은 아닌 것 같아. 얼핏 보면 모든 사람이 지구 온난화 문제를 인정하고 또 걱정하는 것 같잖아? 하지만 다른 주장, 반대 주장도 종종 눈에 띄더라고. 너무 쉽게 생각하고 방심하면 안 돼. 민철이네 팀도 나름대로 준비를 단단히 했을 거야."

진아와 현준은 거의 동시에 "어, 그래?" 하면서도 유림의 지적을 진지하게 받아들이는 눈치는 아니었다.

"에이, 뭐. 그래 봤자 별다른 게 나오겠어?"

"당연하지. 이런저런 얘기를 하기야 하겠지만, 다른 건 몰라도 온난화 문제야

빤한 내용 아냐?"

하지만 유림의 표정에서는 걱정하는 기색이 가시지 않았다. 그러자 팀장인 진아가 한마디 하면서 분위기를 끌어올렸다.

"야, 걱정할 거 뭐 있어? 우리도 열심히 준비했잖아? 이번에도 잘할 수 있을 거야."

현준도 "그래, 그래!" 하면서 맞장구를 쳤다. 그제야 굳어 있던 유림의 얼굴도 조금씩 밝아졌다.

지구 온난화의 원인은 무엇인가?

"여러분, 다들 준비됐죠?"

선생님이 토론회 시작을 알리면서 오늘의 주제에 대해 간략하게 설명했다.

"오늘 주제는 지구 온난화와 기후 변화 문제예요. 많은 사람이 전 지구적으로 가장 중대하고 시급한 환경 문제라고들 얘기하죠. 그래서 온난화 방지를 위해 세계 여러 나라가 참여하는 파리 기후 협약과 같은 국제 협약도 만들어졌고요. 하지만 지구 온난화가 왜 발생하는지, 과연 어느 정도나 진행되었는지, 여기에 어떻게 대응해야 할지 등에 대해서는 많은 논란이 있어요. 오늘은 이런 문제들을 논의해 보는 자리예요. 알겠죠?"

그러면서 선생님은 효율적이고 자연스런 토론 진행을 위해 먼저 진아 팀에게 이런 질문을 던졌다.

"지구 온난화라는 게 도대체 뭔가요?"

그러니까 토론에서 다룰 핵심 용어의 개념부터 정확하게 확인하고 넘어가자는 게 선생님의 의도인 셈이다.

"네, 한마디로 사람들이 산업 활동이나 일상생활을 하면서 배출하는 이산화탄소 같은 온실가스 때문에 지구가 갈수록 더워지는 것을 말합니다. 다시 말하면, 공장에서 물건을 만들거나 자동차를 타고 다니거나 석탄을 태워서 전기를 만드는 것과 같은 다양한 인간 활동에서 나오는 온실가스가 온난화의 원인인 겁니다. 우리에게 에너지를 제공해 주는 석유, 석탄, 천연가스 같은 화석 연료를 지나치게 많이 사용하는 것이 온난화의 주범인 셈이죠."

팀장인 진아가 시원스레 대답했다. 선생님이 다시 물었다.

"지금 지구가 더워지고 있다고 했는데, 얼마나 더워졌죠?"

"지난 100년간 1도요."

이번엔 유림이 대답했다. 선생님과 진아 팀의 문답이 계속 이어졌다.

"음, 1도라면 별것 아니라고 생각할 수도 있지 않을까?"

"얼핏 그렇게 느껴질 수도 있겠지만 사실은 그렇지 않습니다. 자연 생태계는 온도 변화에 매우 민감하고 서로 복잡하게 연결되어 있습니다. 때문에 그 정도의 온도 상승만으로도 큰 혼란이나 피해가 발생할 수 있습니다."

"어떤 혼란이나 피해가 있다는 거죠?"

"음, 그게 너무 많아서 간단히 말하기가 좀……."

"핵심만 요약해서 얘기해요. 상세한 건 나중에 다시 설명하면 되니까."

"네, 알겠습니다. 가장 큰 건 기후 자체가 변하는 거죠. 그래서 생태계가 혼란에 빠지고 동식물이 정상적으로 살아갈 수 없게 됩니다. 농업과 어업에도 큰 피해가 생깁니다. 농작물이나 물고기가 생존하고 성장할 수 있는 조건이 나빠지기 때문이죠. 극지방의 빙하가 녹

아내려 바닷물 수위가 높아지는 것도 큰 문제입니다. 그 결과 남태평양의 섬나라들은 아예 바닷속으로 가라앉을 위험에 처하고 있죠. 세계 곳곳의 해안가 낮은 지역에 사는 사람들에게도 재앙이 닥치고 있고요. 지구와 우리 인류에게 생존의 위기가 닥친 겁니다."

"네, 그래요. 지금 온난화에 대한 기본적인 사실을 알아봤는데, 먼저 온난화의 원인에 대해 토론해 볼까요? 좀 전에 진아는 인간의 여러 활동이 온난화의 원인이라고 했지만, 다른 주장을 하는 사람들도 있어요. 이에 대해서는 민철 팀에서 얘기를 해야겠죠?"

얘기의 흐름이 바뀌었다. 본격적인 토론이 시작된 것이다.

"네, 지구 온난화가 인간 활동 때문에 발생했다는 건 일방적인 주장입니다."

성큼 답변에 나선 건 팀장인 민철이었다. 준비를 열심히 했는지 목소리에 자신감이 가득했다.

"온난화가 마치 지구를 끝장내는 끔찍한 재앙이라고만 생각하는 건 잘못입니다. 그건 지나친 걱정이고 과장된 주장입니다. 왜냐하면 온난화는 인간 때문에 일어난 것이 아니라 그냥 자연스러운 현상으로 볼 수도 있기 때문입니다. 40억 년이 넘는 오랜 지구 역사에서 반복돼 왔던 자연적인 기후 순환과 변화의 일부라는 거죠."

그러자 "뭐? 온난화가 자연 현상이라고?", "저게 무슨 소리야?" 같은 말들이 여기저기서 튀어나왔다. 웅성거림이 계속되자 민철도 잠깐 머뭇거리는 눈치였다. 그때 선생님이 나서서 한마디 거들었다.

"자자, 얘기를 더 들어 봐야죠. 민철이는 좀 더 자세하게 설명해 봐요. 그리고 반론이 있는 사람은 민철이 얘기가 끝난 후에 하도록 해요."

민철은 흠흠 하며 목소리를 가다듬은 후 다시 얘기를 계속했다.

"물론 최근의 지구 기온이 지난 몇 세기보다 더 높은 건 사실입니다. 그리고 여기에 인간의 활동이 부분적으로 영향을 미쳤을 수는 있겠죠. 하지만 그 인간 활동이 온난화에 얼마나 큰 영향을 주었는지는 과학적으로 증명하기 어렵습니다."

"그건 그 반대의 경우도 마찬가지 아닌가요? 그러니까 온난화가 자연 현상일 뿐이라는 건 어떻게 증명할 수 있습니까?"

"물론 그것도 확실하게 증명하긴 어렵겠죠. 하지만 제가 본 자료에 따르면 온난화는 오히려 태양의 활동에 더 큰 영향을 받는다고 주장하는 과학자들도 많습니다. 그러니까 태양 표면에 폭발이 일어나거나, 태양 복사열이 변하거나, 태양 활동이 활발한가 그렇지 않은가에 따라 지구 기온이 변할 수 있다는 거죠. 지구의 공전 궤도의 변화나 화산 활동 등에 따라 그렇게 될 수도 있고요."

"그런 영향이 조금은 있을지도 모르죠. 하지만 가장 큰 건 뭐니 뭐니 해도 인간의 활동입니다. 연구 결과, 태양 활동의 영향은 30퍼센트 정도인 데 반해 인간 활동의 영향은 70퍼센트나 된다고 밝힌 과학자들도 있더라고요. '기후 변화에 관한 정부 간 패널'이라는 유명한 기구에서 수천 명의 전문가가 오랫동안 연구해서 내린 결론도 인간 활동의 영향이 압도적으로 크다는 거예요. 제가 조사한 바에 따르면 적어도 온난화의 원인에 대해서는 과학계에서도 이런 내용으로 합의된 결론이 이미 내려졌다고 합니다."

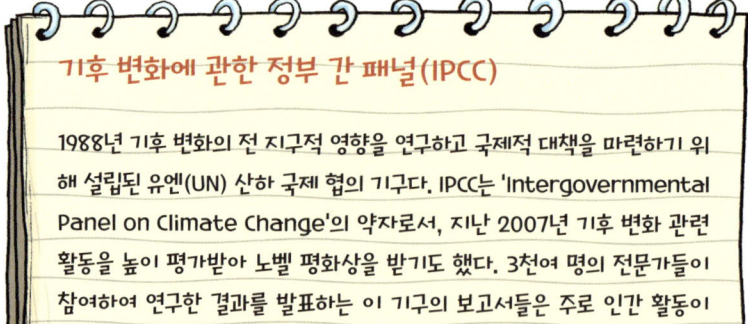

기후 변화에 관한 정부 간 패널(IPCC)

1988년 기후 변화의 전 지구적 영향을 연구하고 국제적 대책을 마련하기 위해 설립된 유엔(UN) 산하 국제 협의 기구다. IPCC는 'Intergovernmental Panel on Climate Change'의 약자로서, 지난 2007년 기후 변화 관련 활동을 높이 평가받아 노벨 평화상을 받기도 했다. 3천여 명의 전문가들이 참여하여 연구한 결과를 발표하는 이 기구의 보고서들은 주로 인간 활동이 기후 변화에 어떤 영향을 끼치는지를 과학적·기술적·사회 경제적으로 분석한 것들인데, 세계적으로 높은 권위를 인정받고 있다.

민철과 유림의 공방이 계속 이어졌다. 그러자 혜은이 나서서 민철을 거들었다.

"그렇지 않습니다. 그런 결론의 과학적 근거는 여전히 명확하지 않아요. 기후란 게 본래 변화가 심합니다. 더워졌다 추워졌다를 반복하는 거죠. 한때는 지구의 절반이 빙하로 덮였던 적도 있고, 또 한때는 북극 근처에서 공룡이 살 정도로 더웠던 적도 있습니다. 태양의 활동이 활발하면 더워지고 그렇지 않으면 기온이 떨어지는 거예요. 지금은 태양의 활동이 활발한 때라 온난화 현상이 발생하는 거죠."

"그런 주장이야말로 과학적 근거가 있습니까? 40억 년이 넘는 기나긴 세월 동안 기후 변화가 심했다는 건 당연한 얘기죠. 그러나 지금의 온난화처럼 수십 년, 수백 년 정도의 짧은 기간에 지구 기온이 이렇게 크게 변한 적

산업 혁명

18세기 중반에 영국에서 시작한 기술 혁신과 이를 계기로 일어난 경제와 사회의 구조적이고도 거대한 변화를 일컫는 말이다. 공장제 기계 공업으로 물건을 대량으로 생산하는 데 자연 자원을 광범하게 이용하는 공업화가 핵심 내용이다. 이후 유럽과 미국 등으로 급속히 퍼졌으며, 20세기를 거치면서 전 세계로 확산되었다. 이 산업 혁명을 통해 오늘날의 자본주의 경제 체제가 확립되었다.

은 없습니다. 그 이유는 산업 혁명 이후 불과 200~300년 사이에 급속도로 산업화가 이루어지면서 경제 규모가 커지고 사람들의 생활 수준이 높아진 탓에 화석 연료 사용이 엄청나게 늘어났기 때문이죠."

서로 같은 주장을 반복하고 있는 탓에 토론의 흐름이 좀 꼬이는 듯한 분위기였다. 결국은 선생님이 끼어들었다.

"자자, 잠깐만. 다들 느끼겠지만 토론이 좀 겉돌고 있죠? 양쪽 주장에 다 일리가 있지만, 분명한 건 둘 다 완벽하게 과학적으로 증명할 수는 없다는 거예요. 왜냐하면 기후라는 것 자체가 엄청나게 복잡하고 많은 요인이 뒤얽혀 있기 때문이죠. 하지만 원인이 무엇이든 온난화가 진행되고 있다는 데에는 양쪽 다 동의하고 있는 것 같아요. 음, 이제 다른 얘기를 좀 해 볼까요?"

지구 온난화의 피해는?

그러자 기다렸다는 듯이 정수가 손을 번쩍 들며 입을 열었다.

"네, 제가 궁금한 게 있습니다. 온난화가 무조건 나쁜 건가요? 좋은 점도 있지 않나요?"

교실이 또 조금 술렁였다. 온난화가 좋은 거라고? 다들 얼굴을 서로 쳐다보며 고개를 갸우뚱거렸다.

"그래, 맞아. 온난화를 덮어 놓고 부정적으로만 보면 안 되지. 정수야, 계속해 봐."

그런 와중에 분위기를 띄운 건 같은 팀의 혜은이었다. 선생님도 "그래, 그 점도 한번 짚고 넘어가는 게 재밌겠네."라며 보조를 맞춰 주었다.

"네, 온실가스가 없으면 지구의 기온이 아주 낮아지지 않겠습니까? 그렇게 되면 우리 사람을 포함해 생물들이 어떻게 살 수 있겠습니까? 그리고……."

"아, 누가 온실가스 자체가 나쁘다고 했어요? 그게 필요 이상으로 많아져서 지구가 병들고 있으니 문제가 된다는 거예요."

"휴, 예의 없이 얘기를 중간에 끊으면 어떡해요? 그러면 안 되죠."

불쑥 끼어들어 정수의 말을 가로챈 건 현준이고, 그런 현준에게 곧바로 핀잔을 준 건 혜은이었다. 첫 토론회 때도 그랬듯이 상대방의 얘기를 끝까지 경청하는 게 아직은 습관이 되지 않은 듯했다. 현준은 머쓱한 표정을 지었다. 다시 정수의 얘기가 이어졌다.

"예를 들면 추운 곳에서는 온도가 올라가는 게 좋은 일 아닌가요? 기후가 따뜻해지면 사람 살기도 더 편해질 거고, 농작물이나 식물의 성장에 도움이 될 수도 있습니다. 식량 생산도 늘어나고 숲도 더 울창해질 수 있어요. 난방비도 덜 들 것이고, 추워서 얼어 죽는 사람도 줄어들 거고요. 그래서 온난화의 부정적인 영향만 강조하는 건 불공평하다고 생각합니다."

잠시 침묵이 흘렀다. 진아 팀도 이런 주장은 미처 예상하지 못했는지 서로 당황한 눈빛을 주고받았다. 새로운 쟁점이 떠올랐다. 선생님과 친구들의 시선이 일제히 진아 팀 쪽으로 향했다. 뭐라고 대꾸해야 하지 않겠냐는 눈빛들이었다.

진아네 팀원들은 잠시 머리를 맞대고 무슨 말을 해야 할지 의논했다. 아까 점심시간에 유림이 걱정했던 게 현실로 나타난 것이다. 생각을 정리했는지 이윽고 팀장인 진아가 조심스레 입을 열었다.

"음, 정수 얘기가 전혀 틀린 건 아닙니다. 하지만……."

진아가 막 얘기를 시작하는 참인데, 민철이 "하지만은 무슨 하지만이야. 우리 얘기가 맞으면 맞는 거지." 하고 혼잣말을 살짝 내뱉었다. 그러자 그 말을 들은 진아 팀의 현준이 민철을 쏘아보며 "뭐야?" 하며 목소리를 약간 높였다.

지켜보던 선생님이 둘을 번갈아 보며 "쉿!" 하고 손가락을 입에 갖다 댔다. 그러면서 조금 엄한 목소리로 타일렀다.

"둘 다 그만. 토론 중에 그러면 안 돼. 자, 조용히 하고 진아 얘기를 더 듣도록 해요."

 "네, 정수의 주장은 부분만 보고 전체는 보지 않는 겁니다. 또 짧은 기간만 보면 그럴 수도 있겠지만 길게 보면 얘기가 전혀 달라집니다."
 민철 팀은 느긋했다. '그래, 뭐라고 하는지 한번 들어 보지.' 하는 분위기였다.
 "지역에 따라, 그리고 잠깐 동안은 온난화가 좋은 쪽으로 작용할 수도 있겠죠. 하지만 지금 전 세계 곳곳에서 발생하는 온난화의 피해를 한번 보세요. 아까 제가 얘기한 것 외에도 정말 심각한 일들이 수두룩합니다. 곳곳에서 예전엔 볼 수 없었던 폭설과 폭우, 갑작스런 추위와 더위, 더 강력해지고 잦아진 태풍 등이 잇따르고 있습니다. 홍수와 가뭄이 부쩍 늘어난 곳도 많고요."

"그뿐만이 아닙니다."

이번엔 현준이 나서서 진아의 얘기에 덧붙여 말했다.

"온난화로 물 증발량이 늘어난 탓에 곳곳에서 사막화가 일어나고, 기후가 변하면서 농사를 망치는 곳도 많습니다. 바닷물 온도가 변하면서 이전엔 많이 잡히던 물고기가 사라진 곳도 많아요. 동해에서 명태가 안 잡힌다고 하잖아요? 기후와 생태계 변화로 새로운 질병이 자꾸 생기는 것도 큰 골칫거리입니다."

"더 심각한 건 전 세계적으로 에너지 소비가 늘고 있기 때문에 온난화가 앞으로도 계속될 거라는 점입니다. 피해가 지금보다 갈수록 더 커지고 다양해질 수밖에 없다는 거죠."

이제 유림까지 거들고 나섰다. 진아 팀의 총공세였다. 하지만 상대 팀도 그냥 듣고만 있을 리는 없었다. 팀장인 민철이 입을 열었다.

지구 온난화 예측은 정확한가?

"좋습니다. 그러나 그 모든 것이 순전히 지구 온난화 때문에 일어났다는 증거라도 있습니까? 그런 현상들 중에는 이미 오래전부터 자연적으로 일어나고 있던 것들도 많지 않은가요?"

"이전부터 있던 것들도 있고 새로 생긴 것들도 있어요. 하지만 중요한 건 이전부터 있던 문제들도 최근의 온난화 탓에 훨씬 더 자주, 훨씬 더 큰 규모로, 그리고 훨씬 더 파괴적인 형태로 발생한다는 겁니다. 바로 그래서 온난화가 위험하다는 거예요."

진아가 다시 되받아치자 민철 팀도 잠시 움찔하는 듯했다. 이내 반격을 시작했지만 기세는 약간 수그러들었다.

"음, 온난화에 따른 피해가 당연히 있기야 하겠죠. 하지만 그걸 너무 과장하고 부풀리면 안 됩니다. 또 모든 걸 온난화 탓으로 돌려서도 안 되고요. 균형 잡힌 시각이 필요합니다."

"과장이 아니라 온난화를 방치하면 훨씬 더 큰 재난이 닥칠 수밖에 없다는 걸 강조하는 거예요. 그 재난이 인류 문명과 자연 생태계에 돌이키기 힘든 치명타를 줄 가능성이 충분히 있는 거죠. 이건 호들갑을 떠는 게 아니라 객관적이고 명백한 사실이에요."

"그게 바로 지나친 걱정이라는 겁니다. 100년간 기온이 고작 1도 오른 걸 가지고 너무 난리를 피울 필요가 없습니다. 왜 미래를 자꾸 어둡게만 봅니까? 앞으로 과학 기술도 더 발달하고 경제력도 더 커지고 위기 대응 능력도 더 높아질 겁니다. 그러면 온난화 문제도 해결할 수 있을 겁니다."

"아니, 도대체 어떻게 해결한다는 거예요? 좀 더 구체적으로 이야기를 해야……."

"음, 예를 들면 온난화 탓에 식량 생산이 줄어들 거라고 하잖아요? 하지만 이건 변화된 기후 조건에 적응하는 새로운 농작물 종자를 개발하면 됩니다. 바닷물 수위가 높아지는 것도 마찬가지예요. 이것도 제방을 더 높고 튼튼하게 쌓고 물 피해를 막을 수 있는 더 나은 기술을 개발하면 해결이 가능합니다."

"기술만 발달하고, 돈만 퍼부으면 모든 문제가 해결될 거라는 안이한 생각은 아주 위험한 거예요. 앞으로 2100년까지 지구 평균 기온은 최소 0.6도에서 1.6도, 최대로는 4도에서 5.8도까지 오를 거라고 합니다. 또 바닷물 수위는 최소 10센티미터에서 18센티미터, 최대로는 60센티미터에서 1미터까지 오를 거라고 합니다."

"그런 예측 자체가 맞는 것인지도 따져 볼 문제지만, 그게 사실이라 해도 인간의 능력으로 해결할 수 있다니까요?"

"아니, 한번 생각해 보세요. 바닷물이 50센티미터만 상승한다고 가정해도 전 세계의 수많은 지역이 바다에 잠기거나 큰 피해를 본다고 합니다. 이런 전 지구 차원의 재앙을 단순히 돈과 기술만 가지고 어떻게 해결할 수 있겠습니까? 근본적인 해결책이 필요하죠."

"다시 말하지만 그런 예측 자체도 너무 과장된 겁니다. 온도나 바닷물 수위가 얼마나 변할지 누가 확실히 알겠습니까? 온난화 예측은 컴퓨터 시뮬

레이션 실험으로 한다고 합니다. 그런데 이게 정확하지 않을 가능성은 얼마든지 있어요. 예를 들어 기상청의 일기 예보를 보세요. 슈퍼컴퓨터라는 엄청나게 비싼 장비를 갖추고도 일기 예보가 자꾸만 틀리잖아요?"

"아니, 그럼 이런 중대한 일을 두고 예측을 하지 말자는 거예요?"

"그게 아니라 그 예측이 틀릴 수도 있다는 겁니다."

"한 치의 잘못도 없는 정확한 예측은 애당초 있을 수가 없습니다. 하지만 전반적인 방향이나 흐름 같은 것은 잡아낼 수 있죠. 예측에 사소한 오류가 있을 수 있다고 해서 지구 온난화 같은 중대한 일을 가볍게 보는 건 무책임한 일 아닌가요?"

"작은 오류나 실수를 가볍게 보는 거야말로 무책임한 일인 것 같은데요?"

"우리 얘기는 오류를 가볍게 여긴다는 게 전혀 아니라고요."

공방이 뜨겁게 이어졌다. 어느 팀이랄 것도 없이 여섯 명 모두가 앞서거

니 뒤서거니 얘기를 쏟아 냈다. 공기가 후끈 달아올랐다. 하지만 이 얘기만 계속할 수는 없었다. 잠자코 지켜보던 선생님이 슬쩍 끼어들었다.

"자, 이쯤에서 정리를 좀 하고 넘어가죠. 온난화의 원인과 마찬가지로 온난화 예측에서도 완벽한 근거를 제시하기는 어려워요. 이건 사안 자체의 성격상 어쩔 수 없어요. 하지만 원인이나 예측이 어떻든 온난화가 진행되고 있는 건 사실이니까 대비책은 세워야겠죠. 물론 원인이나 예측에 대한 견해 차이에 따라 대비책 또한 달라지긴 하겠지만 말이에요."

"저기요, 선생님! 잠깐 할 말이 있습니다."

느닷없이 나선 건 정수였다. 같은 팀의 민철과 혜은도 예상하지 못했던 듯 "응? 무슨 말?" 하며 고개를 돌려 정수를 빤히 쳐다봤다.

지구 온난화 대응은 어떻게 해야 하나?

"그래, 무슨 말이죠?"

"네, 지구 온난화가 진아 팀 주장처럼 그토록 위험하고 큰 문제라면 그 대응책을 마련하고 실행하는 데 엄청난 비용과 자원과 시간이 들지 않겠습니까? 그런데 우리 팀이 주장한 것처럼 온난화가 그리 크게 걱정할 일이 아니라면 굳이 그렇게까지 할 필요가 없잖아요? 쓸데없는 낭비가 될 수도 있으니까요. 그래서 제 얘기는 온난화가 심각하다는 것이 모든 사람이 납득할 만큼 명확하게 밝혀진 후에 대비책을 시행해야 한다는 거예요."

다들 조금씩 놀라는 분위기였다. 같은 팀원들마저도 미처 생각하지 못했던 문제를 정수가 날카롭게 제기했기 때문이다.

"음, 그래요. 일리가 있는 지적이네요. 자, 그럼 이 문제에 대해 진아 팀에서 누구 얘기할 사람 없나요?"

"······."

예상치 못한 문제 제기에 허를 찔린 진아 팀은 당혹스러웠다. 누구도 선뜻 나서지 못했다. 결국 팀장인 진아가 선생님에게 잠시 팀원들끼리 생각하고 의논할 시간을 좀 달라고 요청했다.

"그래요. 잠깐 휴식도 취하고 화장실도 다녀올 겸 5분만 있다가 다시 시작하죠. 그 사이에 진아 팀은 준비를 하도록 해요."

민철 팀은 한껏 사기가 올랐다. 토론이 아무리 이기고 지는 승부가 아니라지만 상대 팀이 자기 팀에게 밀리는 것 같으니까 신바람이 난 것이다.

반대로 진아 팀의 분위기는 착 가라앉았다. 팀원 세 명은 머리를 맞대고 둘러앉아 진지한 얼굴로 두런두런 의논을 계속했다. 시간이 얼마나 흘렀을까. 진아 팀원들의 표정이 조금씩 밝아지는 것 같았다. 나름 가닥을 잡은 듯한 낌새였다.

그러자 선생님이 다시 토론 시작을 알렸다. 발언에 나선 건 유림이었다. 토론에서 밀리지 않겠다는 듯 입 모양이 단호했다.

"음, 정수의 주장엔 문제가 좀 있습니다. 정수 얘기대로 과학적 근거가 확실히 밝혀진 후에 대응책을 마련하는 게 물론 바람직하겠죠. 하지만 그러기엔 감수해야 할 위험과 불확실성이 너무 큽니다. 그러니까 만약 온난화에 미리 대비하지 않고 미적거리다가 나중에 엄청난 결과가 밀어닥친다면 그땐 속수무책으로 당할 수밖에 없다는 겁니다. 그때 가서 후회해 봤자 이미 때가 늦은 거죠. 바로 그래서……."

"그건 말이 좀 안 되죠. 온난화를 방지하려면 경제도 바꾸고 정치도 바꾸고 사람들의 생활도 바꾸어야 할 텐데 이게 쉬운 일입니까? 큰 불편과 고통을 겪으면서까지 그동안 익숙했던 걸 바꾸거나 포기하려면 당연히 그에 걸맞은 명백한 이유와 근거가 있어야 하지 않겠습니까? 어떻게 될지도 모를 일 때문에 커다란 희생을 하는 건 어리석은 일이죠."

유림의 발언을 곧장 되받은 건 혜은이었다. 하지만 진아 팀도 지지 않았다. 이번엔 진아가 나섰다.
"환경 문제의 특성을 잘 이해하는 게 중요합니다. 환경 문제를 다룰 때 가

장 중요한 원칙이 '사전 예방'이라는 겁니다. 어떤 일이 터지기 전에 미리미리 대비해야 한다는 거죠. 왜냐하면 환경이라는 건 한 번 파괴되거나 손상되면 다시 회복하기가 불가능하거나 아주 어렵기 때문입니다. 설사 나중에 회복을 하더라도 사전에 미리 대처하는 것에 비해 비용과 시간도 훨씬 더 많이 들고요. 지구 온난화도 마찬가지죠."

"그렇다 하더라도 온난화만 중요하고 시급한 문제는 아니잖아요? 돈이든 시간이든 뭐든 우리가 동원할 수 있는 자원은 한정돼 있습니다. 온난화 대비에 전 세계가 막대한 비용을 들이기보다 예를 들면 그 돈을 아프리카의 가난한 사람들이 굶어 죽거나 질병으로 죽어 가는 현실을 개선하는 데 쓰는 게 더 바람직하지 않을까요? 저는 이런 문제가 더 절박하다고 생각합니다."

다시 양쪽의 공방이 이어졌다.

"그런 문제도 당연히 해결해야죠. 하지만 그런 식으로 얘기한다면 모든 문제가 다 뒤섞여 뒤죽박죽되고 맙니다. 무엇보다 온난화는 우리 인간이 살아가는 토대를 망가뜨리고 있기 때문에 다른 어떤 것보다 중요하고 절박한 문제입니다. 그리고 말이 나왔으니 하는 얘기인데, 아프리카의 빈곤 문제도 사실은 온난화를 막아야 해결할 수 있습니다."

"에이, 그게 말이 되는 소리예요? 아프리카의 굶주리는 사람들이 온난화와 무슨 상관이 있다고……."

"뭘 모르시는 모양인데, 둘 사이에는 큰 상관이 있습니다."

"뭘 모르다니, 지금 우리를 무시하는 겁니까?"

"아니, 무시하는 게 아니라 제 설명을 한번 들어 보라니까요."

"상대방에게 뭘 모른다고 하는 게 무시하는 게 아니면 뭐예요? 말조심해요."

"참, 우리가 뭘 그렇게 잘못했다고……."

그런대로 잘 진행되던 토론회가 그만 이 대목에서 삐걱거렸다. 좀 거친 표현에 목소리들이 갑자기 높아진 것이다. 하지만 이내 선생님이 끼어들기 전에 서로가 먼저 분위기를 수습하려고 애썼다. 두 번째 토론회라 그런지 토론이 이런 식으로 흘러가선 안 되겠다는 걸 모두가 느끼고 있는 듯했다. "참, 왜들 그래? 우리가 이러면 안 되지.", "말싸움은 그만하자고.", "그래, 우선 설명부터 들어 보자." 같은 소리들이 여기저기서 튀어나왔다.

지켜보던 선생님도 예의에 어긋나는 표현은 쓰지 말라고 주의를 준 후, 아프리카의 빈곤과 온난화의 관계에 대한 얘기부터 다시 시작하자고 상황을 정리했다. 그러자 그 얘기를 꺼낸 현준이 조금 상기된 얼굴로 다시 말을 이었다.

"네, 아프리카는 지금 온난화와 기후 변화 탓에 숲이 파괴되고 사막이 늘고 있습니다. 그 결과 경작지가 줄어드는 바람에 식량 생산은 물론이고 숲에서 얻는 땔감이나 먹거리들도 줄어들고 있죠. 또 온난화 때문에 강이나 호수의 물도 줄어들고 있다고 합니다. 그래서 물고기나 사람이 마실 물도 부족해질 수밖에 없는 거죠. 결국 온난화를 막는 것이 아프리카의 빈곤 문제를 해결하는 데 큰 도움이 되는 거예요."

"무슨 얘기인지는 알겠습니다. 하지만 그런 방식은 시간이 너무 많이 걸릴 것 같습니다. 또 효과가 바로 드러나지 않을 수도 있고요. 지금 당장 사람이 굶주리고 있는데 돈이든 식량이든 즉시 지원하고 도와줘야 하지 않을까요?"

혜은의 반박이었다. 그러자 바로 진아가 되받았다.

"당연히 그런 지원도 해야죠. 동의합니다. 그러나 당장 발등에 떨어진 불을 끄는 것도 중요하지만 무엇보다 필요한 건 근본적이고 장기적인 대책을 마련하는 게 아닐까요? 우리가 강조하고 싶은 게 바로 그것입니다."

분위기가 한결 누그러졌다. 민철 팀에서 다시 뭐라고 재반박을 할 법한데 나서는 사람은 없었다. 좀 전에 티격태격한 게 좀 신경이 쓰여서 일부러 참는 걸까? 아니면 서로가 상대 팀의 주장에 공통적으로 동의하는 부분이 있어서일까? 어떻든 잠시 지켜보던 선생님이 다시 입을 뗐다.

"음, 아프리카의 빈곤 문제가 오늘의 주제는 아니니까 그 얘기는 이쯤이면 되겠어요. 자, 시간도 많이 지났으니 이제 얘기를 정리하죠. 온난화를 완

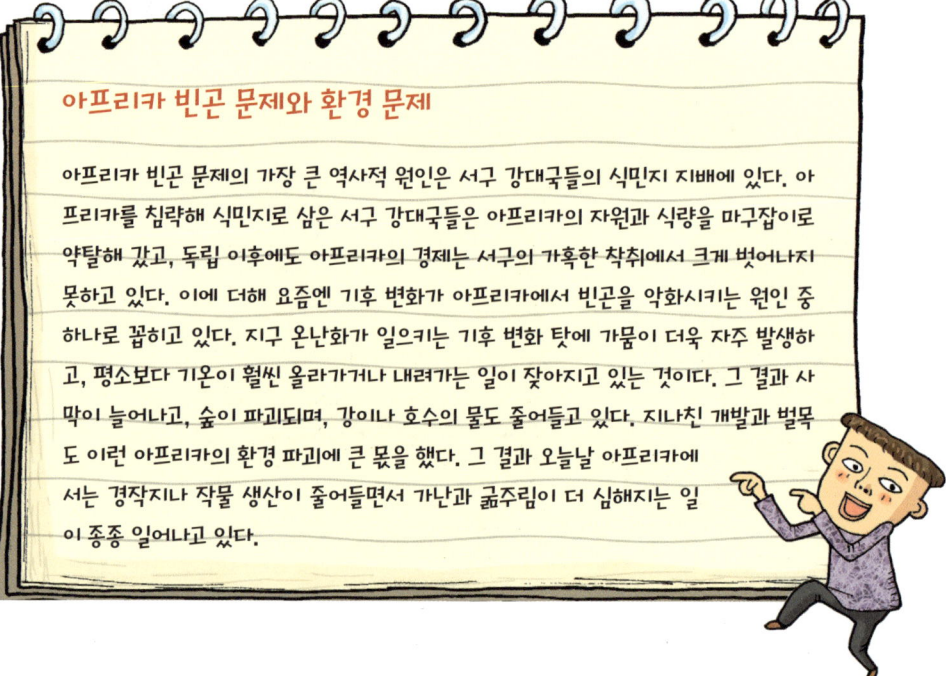

아프리카 빈곤 문제와 환경 문제

아프리카 빈곤 문제의 가장 큰 역사적 원인은 서구 강대국들의 식민지 지배에 있다. 아프리카를 침략해 식민지로 삼은 서구 강대국들은 아프리카의 자원과 식량을 마구잡이로 약탈해 갔고, 독립 이후에도 아프리카의 경제는 서구의 가혹한 착취에서 크게 벗어나지 못하고 있다. 이에 더해 요즘엔 기후 변화가 아프리카에서 빈곤을 악화시키는 원인 중 하나로 꼽히고 있다. 지구 온난화가 일으키는 기후 변화 탓에 가뭄이 더욱 자주 발생하고, 평소보다 기온이 훨씬 올라가거나 내려가는 일이 잦아지고 있는 것이다. 그 결과 사막이 늘어나고, 숲이 파괴되며, 강이나 호수의 물도 줄어들고 있다. 지나친 개발과 벌목도 이런 아프리카의 환경 파괴에 큰 몫을 했다. 그 결과 오늘날 아프리카에서는 경작지나 작물 생산이 줄어들면서 가난과 굶주림이 더 심해지는 일이 종종 일어나고 있다.

벽하게 과학적으로 증명하기는 어렵더라도 미리 대비하는 게 필요하다는 건 귀담아들어야 해요. '사전 예방'이 환경 대책의 가장 큰 원칙인 건 사실이죠. 하지만 동시에 이런 대책들이 제대로 효과를 보기 위해서라도 온난화의 원인, 피해 정도, 미래 예측 등을 더욱 과학적이고 세밀하게 연구하는 것도 중요한 과제겠죠? 음, 오늘 토론이 제법 뜨거웠는데 다들 수고 많았어요."

두 번째 토론회가 끝났다. 다들 피곤한 상태였지만 진아 팀은 토론회가 끝난 후에 다시 모였다. 오늘 토론회를 한번 돌아보면서 반성할 점을 찾아보자는 제안을 팀장인 진아가 했기 때문이다.

"아까 점심시간에 유림이가 한 얘기가 맞았어. 우리가 주제를 너무 만만하게 본 탓에 준비가 좀 부족했던 것 같아. 중간에 말문이 막히기도 했잖아? 참, 너무 창피하다."

"그러게……. 그리고 쟤네들도 문제가 있지만 우리도 토론에 아직 적응을 못하고 있어. 감정을 가라앉히고 논리와 근거를 가지고 얘기해야 하는데 그게 생각처럼 잘 안 된단 말이야."

"에이, 뭐. 그래도 이 정도면 잘한 거 아냐? 다음에 더 잘하면 되지. 더 열심히 준비하자고."

"그래, 맞아. 우리 파이팅 한번 외치고, 배도 고픈데 빨리 나가서 떡볶이나 사 먹자."

"오케이! 파이팅!"

각자 돌아가면서 한마디씩 했다. 그러고서 서로 손바닥을 마주치며 파이팅까지 외치니 어느새 피곤한 느낌도 사라지고 마음이 홀가분해졌다.

오순도순 둘러앉아 떡볶이를 먹으며 진아는 잠깐 생각했다.

'그래, 팀장인 내가 신경을 더 썼어야 했는데 좀 게을렀구나. 그래도 뭐, 이러면서 하나둘 배워 나가는 거지.'

좀 전까지 기분이 좀 찜찜했지만 그렇게 마음을 정리하니 진아는 어느새 다음 토론회가 은근히 기다려졌다. 진아의 그런 마음을 아는지 모르는지 친구들은 허겁지겁 떡볶이를 먹으며 수다를 떠느라 정신이 없었다. 그런 친구들을 바라보는 진아의 눈길이 따뜻했다.

함께 정리해 보기
지구 온난화를 둘러싼 쟁점

온난화는 재앙이다	논쟁이 되는 문제	온난화는 과장이다
산업화, 경제 성장, 소비 생활 등 인간 활동에서 석유나 석탄 같은 화석 연료를 너무 많이 사용한 탓이다.	지구 온난화의 원인은 무엇일까?	태양의 활동 등으로 인한 자연 현상의 하나이며, 기후란 본래 더워지기도 하고 추워지기도 한다.
생태계 파괴와 혼란 등 지구와 인류의 생존 토대를 망가뜨리는 중대한 위기다.	지구 온난화의 피해 정도는 얼마나 클까?	약간의 기온 상승으로는 큰 피해나 혼란이 발생하지 않으며, 온난화의 장점도 있다.
지금 추세대로라면 온난화가 더욱 심해져서 엄청난 재앙이 닥칠 것이다.	지구 온난화의 향후 예측은 어떨까?	예측이 과학적이지 않고 너무 과장됐다.
'사전 예방'의 원칙에 따라 미리미리 철저하고 근본적인 대비책을 세워 실천해야 한다.	지구 온난화를 어떻게 대응할까?	기술 개발과 투자로 해결 가능하므로 걱정할 필요 없고, 다른 중요한 문제부터 해결해야 한다.

3장
미래의 에너지는 무엇일까?

오늘날 현대 문명을 석유 문명이라 부르기도 해. 그만큼 석유는 우리 생활에 없어서는 안 되는 필수품이야. 지금의 세상과 문명 전체를 떠받치고 돌아가게 만드는 핵심 물질이라는 거지. 그런데 바로 그 석유가 바닥나고 있다는 경고음이 여기저기서 울리고 있어. 여기서 쟁점은 석유가 왜 중요한지, 석유가 고갈되고 있다는 게 과연 사실인지 등이야. 하지만 더욱 중요한 것은 미래의 에너지는 과연 무엇일까 하는 거지. 석유를 대신할 수 있는 에너지는 있는지, 그리고 있다면 과연 무엇인지 하는 점이야. 그중에서 특히 새롭게 주목받고 있는 재생 에너지란 무엇이며 이것의 장점과 단점은 무엇인지, 그리고 석유 고갈을 비롯한 에너지 위기를 극복하려면 무엇을 어떻게 해야 하는지도 깊이 생각해 봐야 해.

석유 고갈이 다가오므로 재생 에너지가 시급하다

현대 문명과 우리의 일상생활에 없어서는 안 되는 석유가 지금 아주 빠르게 바닥나고 있어. 석유 소비량이 새로 발견하는 석유량보다 훨씬 많은 데서 보듯이 이건 분명한 사실이야. 아직 우리가 모르는 곳에 석유가 많이 묻혀 있을 거라고 하지만, 그런 석유는 뽑아내기도 너무 힘들고 비용도 엄청 들어. 그래서 고갈될 우려도 없고 환경 파괴도 거의 없는 재생 에너지를 최대한 많이 개발해서 쓰는 게 아주 중요해. 하지만 이것만으로는 석유를 완전히 대신할 수 없기 때문에 에너지를 지나치게 낭비하는 경제 구조와 산업 체제, 그리고 사람들의 생활 방식을 바꿔야 해.

석유 고갈은 과장이며 기술이 에너지 위기 해결책이다

석유가 고갈되고 있다는 주장은 과장이야. 석유는 우리가 모르는 곳에 아직도 많이 묻혀 있거든. 관련 기술을 개발하고 투자를 많이 하면 새로운 석유를 얼마든지 찾아낼 수 있다는 거지. 설사 석유가 고갈된다고 해도 크게 걱정할 필요는 없어. 인류의 주요 에너지원은 나무에서 석탄으로, 다시 석탄에서 석유로 바뀌어 왔잖아? 이처럼 인류는 늘 더 낫고 새로운 에너지원을 개발해 왔어. 석유를 대신할 에너지도 인류의 지식과 기술로 찾아낼 수 있을 거야. 재생 에너지는 장점도 많지만 단점과 한계도 명확하게 있어. 무엇보다 석유를 대체하기엔 역부족이지.

미래의 에너지는 무엇일까?

석유는 왜 중요한가?

"요즘 부모님들이 자동차 기름값이 너무 올랐다고 불평하는 얘기는 여러분도 많이 들었죠?"

"네."

"그래요. 차에 넣는 기름이 휘발유, 경유 같은 이름으로 불리는 것도 알고 있을 거예요. 자동차의 종류에 따라 다른 기름을 넣는 거죠. 그런데 이런 기름은 무엇으로 만들까요?"

"석유요."

"네, 맞아요. 그런데 석유 가격이 자꾸 오르는 것보다 더 중요한 문제가 있어요. 그게 뭔지 아는 사람?"

"……."

"바로 석유가 바닥나고 있다는 거예요. 그래서 많은 사람이 걱정하고 있죠. 이런 입장에서는 석유를 대신할 새로운 에너지원을 시급히 마련해야 한다고 주장하고 있어요. 하지만 석유가 고갈되고 있다는 건 사실이 아니고, 또 설사 고갈된다 하더라도 별로 걱정할 필요가 없다는 사람들도 있어요. 음, 오늘 토론 주제는 '미래의 에너지는 무엇일까?'인데, 지난번 토론회에서 다룬 지구 온난화 문제나 오늘 토론할 미래 에너지 문제에서도 가장 중요한 것은 석유에 대한 얘기라고 할 수 있어요. 그래서 오늘은 먼저 석유에 대해……."

"선생님, 그런데 석유가 그렇게도 중요한 건가요?"

선생님이 한창 설명하는 중이었는데 토론회 청중으로 참여한 친구 하나가 얘기를 끊으면서 툭 질문을 던졌다. 기분이 좀 상할 만도 한데 선생님은 별로 개의치 않는 눈치였다. 그냥 편하고 자유롭게 이야기를 주고받는 중이라 그런 듯했다. 세 번째 토론회를 본격적으로 시작하기에 앞서 미리 선생님이 토론 내용에 대해 문답 형식으로 잠깐 설명하던 중이었다.

"음, 그래. 석유가 왜 중요한지부터 좀 더 상세히 얘기하는 게 좋겠구나. 우선 하나의 예를 들어 볼까? 자, 우리가 음식을 먹는다는 건 석유를 먹는 것과 같은 말이에요. 왜 그럴까?"

순간 조용해졌다. 뭐? 음식이 석유라고? 다들 무슨 뚱딴지같은 소리냐는 표정으로 선생님의 입만 멀뚱멀뚱 쳐다봤다.

"선생님 얘기가 이상하게 들리죠? 하지만 이건 분명한 사실이에요."

"에이, 선생님도. 음식을 먹는 게 석유를 먹는 거라니, 그게 말이 돼요? 지금 농담하시는 거죠?"

토론회 청중으로 참여한 또 다른 친구 하나가 한마디 던졌다.

"하하하, 내 얘기를 들어 보면 농담이 아니란 걸 알게 될걸? 자, 봐요. 우리가 먹는 음식이 기본적으로 농업에서 나온다는 건 두말할 필요도 없겠죠? 여기서 농업과 석유의 관계를 잘 알아야 돼요. 얼핏 보면 농업과 석유

가 별다른 관계가 없다고 생각할지 몰라요. 그런데 그게 아니에요. 현대 농업은 석유를 비롯한 화석 연료 없이는 아예 불가능해요."

여전히 다들 의아해하는 눈치였다. 선생님이 무슨 얘기를 할지 자못 궁금한 듯 의자를 바짝 끌어당기며 자세를 고치는 친구들도 있었다.

"자, 잘 봐요. 지금의 농업은 온갖 농기계, 화학 비료, 농약 등을 대량으로 사용하고 있어요. 또 대규모로 물을 대야 하고 농산물은 수송을 해야 하죠. 그런데 농기계도 석유가 있어야 사용할 수 있고, 농약이나 비료도 모두 석유로 만드는 거예요. 관개와 수송도 석유가 없으면 불가능하죠. 여러분이 잘 먹는 쇠고기, 돼지고기도 마찬가지예요. 가축 사료를 만드는 옥수수 같은 곡물은 거의 대부분 석유가 있어야만 돌아가는 기계화된 대규모 농장에서 생산해요. 그런 데선 비행기로 농약을 뿌리기도 하죠. 축사의 각종 설비나 난방도 석유가 없으면 할 수가 없고. 바로 이래서 현대 농업은 석유 농업이라고 할 수 있고, 그래서 음식을 먹는다는 건 석유를 소비하는 것과 같다고 말하기도 해요."

비로소 다들 고개를 끄덕끄덕했다. 선생님의 설명이 다시 이어졌다.

"그뿐만 아니라 석유는 플라스틱, 페인트, 의약품, 옷감 같은 수많은 생활 필수품을 만들 때도 사용해요. 또 석유 같은 화석 연료 덕분에 우리가 자동차나 비행기를 타고 먼 곳을 빠르게 이동할 수 있고, 깜깜한 밤에 불을 밝힐 수도, 더위와 추위를 손쉽게 이겨 낼 수도 있다는 건 두말할 필요가 없죠. 그러니 우리는 석유 없이는 한순간도 살 수 없는 거예요. 바로 그래서 지금의 현대 문명을 석유 문명이라 부르기도 하죠."

세 번째 토론회에서 미래의 새로운 에너지 대안이 무엇인지를 알아보기로 한 것은 이처럼 중요한 석유가 고갈되고 있다는 우려가 높기 때문이다. 또 석유는 지구 온난화에서 보았듯이 오늘날 환경 위기를 일으키는 대표적인 주범이기도 하다. 이래저래 환경을 주제로 한 토론에서 석유 문제를 빠뜨릴 수는 없었다.

이번엔 정수와 혜은과 민철이 석유가 고갈되고 있다는 입장에서 미래 에너지 문제를 공부해 오기로 했고, 유림과 현준과 진아가 그 반대 입장에서 에너지 문제에 대한 논의를 준비해 오기로 했다. 팀장은 정수와 유림이 각각 맡기로 했다.

드디어 선생님이 토론회의 본격 시작을 알렸다.

"그럼, 이제 진짜로 시작해 볼까요? 우선은 에너지 문제에 대한 토론에 앞서 석유가 과연 고갈되고 있는지에 대해서부터 얘기하기로 하죠. 정수 팀에서 먼저 얘기를 시작하는 게 자연스럽겠는데?"

석유는 고갈될까?

"네, 우선 '석유 생산 정점'이라는 용어에 대해 설명하겠습니다. 영어로는 '피크 오일(peak oil)' 또는 '오일 피크'라고 하죠."

팀장인 정수가 먼저 나섰다. 처음부터 좀 어려운 용어가 등장하자 몇몇 친구들이 "뭐? 무슨 오일?", "저게 무슨 뜻이지?" 하며 웅성거렸다. 어느 친구 하나가 "'오일 피크'가 아니라 '오이 피클' 아냐? 피자 먹을 때 나오는 거 말이야." 하며 장난을 치자 와자하게 웃음이 터지기도 했다. 하지만 정작 정수는 주변 분위기가 그러거나 말거나 아주 진지한 표정이었다.

"음, 이건 말 그대로 석유 생산이 정점에 이른 시점, 그러니까 석유 생산량이 최대치에 도달한 시점을 말합니다. 이 시점은 세계 석유의 절반을 뽑아 쓴 시점과 같은 건데, 이후부터는 석유 생산이 점점 줄어들게 됩니다. 그러다 결국은 더 이상 석유가 나오지 않는 고갈 시점에 이르게 되는 거죠. 사람에 따라 의견이 다르지만, 바로 이 피크 오일이 이미 지났다는 주장도 있고 앞으로 10년 후, 20년 후일 거라는 주장도 있습니다. 어떻든 석유가 빠르게 줄어들고 있는 것만은 분명한 사실이에요."

"그게 그다지 분명한 건 아닌 것 같은데요? 사람마다 석유 생산 정점을 예상하는 시기가 다르다는 것 자체가 문제가 좀 있는 것 아닌가요? 정확하

피크 오일

석유 생산량이 최대치에 도달하는 시점을 말한다. 우리말로는 보통 '석유 생산 정점'이라고 한다. 미국의 석유 지질학자인 킹 허버트가 1950년대에 미국의 미래 석유 생산량을 예측하기 위해 고안한 개념으로서, 여러 유전에서 이루어지는 석유 생산 속도를 관측한 결과를 토대로 만들었다. 이론에 따르면 일반적으로 각 유전에서 석유를 생산하는 속도가 급격하게 증가하다가 매장량의 절반을 뽑아낸 시점인 최고 정점을 지나면 유전이 고갈될 때까지 급격히 감소한다. 따라서 피크 오일 이론은, 석유의 수요는 여전히 많은 상황에서 공급은 갈수록 부족해지기 때문에 석유 가격이 크게 오르거나 석유 분쟁이 발생하는 등 전 세계적으로 중대한 에너지 위기가 닥칠 위험을 경고하는 것이라고 할 수 있다. 이 피크 오일 이론의 예측은 오늘날 대부분 사실로 확인되고 있다.

지 않은 걸 가지고 어떤 결론을 내리는 건 잘못된 거예요."

곧바로 반론이 제기됐다. 유림 팀의 현준이었다.

"본래 석유 고갈은 정확하게 증명하기 어렵습니다. 석유가 전 세계 어디에 얼마나 묻혀 있는지, 그중에서 기술적으로나 경제적으로 캐낼 수 있는 양은 얼마나 되는지 등을 정확히 알 수 없기 때문이죠."

"그게 바로 핵심입니다. 석유가 묻혀 있는 곳들 중에는 아직 확인이 안 된 곳들도 많이 있습니다. 그러니까 우리가 아직 모르는 장소에서도 앞으로 얼마든지 많은 석유를 생산할 수 있다는 거죠. 따라서 그런 가능성을 부정하면서 석유가 빨리 고갈될 거라고 주장하는 건 잘못입니다."

"물론 아직 우리가 모르는 곳에 석유가 묻혀 있을 거예요. 하지만 그동안 인류가 쓴 절반의 석유는 가장 질도 좋고 비용도 적게 들고 별 기술적인 어려움 없이 뽑아 쓸 수 있는 것이었습니다. 그에 비해 남아 있는 석유 대부분은 북극이라든지 바다나 땅속 깊숙한 곳에 묻혀 있습니다."

"그게 무슨 큰 문제라도 되나요? 그런 데서도 어떻게든 석유를 퍼내면 되잖아요?"

"그건 너무 순진한 생각입니다. 그런 곳들은 석유 추출 자체가 아주 힘들어요. 그래서 뽑아낸 이후에 석유가 가지는 가치보다 석유를 뽑아 올리는 데 더 큰 비용과 자원이 들게 됩니다. 그뿐만 아니라 그런 곳의 석유는 질도 많이 떨어져서 필요한 용도로 다시 가공하려면 엄청난 돈이 들어갑니다. 한마디로 배보다 배꼽이 더 큰 경우죠. 그러니까 그런 석유는 거의 사용할 수 없다고 보아야 합니다."

"에이, 그렇게만 생각하면 곤란해요. 새로운 유전을 찾아내는 기술, 석유를 추출하고 정유하는 기술은 끊임없이 발전하고 있습니다. 과거에 기술도 모자라고 돈도 부족해서 개발을 포기했던 유전을 새로 개발한 경우도 많지 않습니까? 새로운 기술도 개발하고 또 새로운 석유를 찾아내고 뽑아내는 데 더 많은 돈을 투자하면 석유 고갈 사태는 일어나지 않을 겁니다."

"중요한 건 그런 시도가 한계에 부닥쳤다는 거예요. 자료를 보면, 세계적으로 석유 발견량은 1960년대에 가장 많았다가 그 후에는 줄곧 줄어들었습니다. 지금은 1960년대 발견량의 10분의 1에 불과하다고 합니다. 그동안 기술이 크게 발달했고 석유 탐사 횟수가 훨씬 많아졌는데도 그런 거죠. 그 결과 1980년대 초부터는 석유를 소비하는 양이 새로 발견하는 양을 넘어섰다고 합니다. 지금은 심지어 새로 발견하는 석유의 양이 석유 소비량의 15퍼센트밖에 안 된다는 조사 자료도 있고요."

두 팀 사이의 공방이 꼬리에 꼬리를 물었다. 정수 팀은 대체로 현실의 흐름과 객관적인 사실을 근거로 하여 주장을 펼쳤다. 이에 비해 유림 팀은 좀 막연하게 기술 개발의 가능성을 자꾸 강조하고 있었다. 그래서 유림 팀이 논리 대결에서 좀 밀릴 수밖에 없는 상황이었다. 그런데 곧바로 다른 쟁점이 불거졌다.

"석유 고갈에 대한 예언은 오래전부터 종종 있어 왔습니다. 하지만 그게 정확하게 들어맞은 적은 없다고 해요. 앞으로 새로운 석유를 계속 발견할 것이고, 우리 인류는 기술과 여러 자원을 동원해서 그걸 사용할 수 있을 겁니다. 하지만 이보다 더 중요한 게 있어요."

진아가 새로운 얘기를 꺼내고 있었다. 더 중요한 것이라니, 그게 뭘까? 다들 일제히 진아를 주목했다.

"음, 역사를 보면 우리 인류는 언제나 더 새롭고 나은 에너지를 찾아내고 만들어 왔습니다. 나무에서 석탄으로, 석탄에서 석유로 주요 에너지원이 바뀌어 왔잖아요? 석기 시대가 끝났던 건 돌이 부족해서가 아니라 청동과 철이라는 더 뛰어난 재료를 사용할 수 있게 되었기 때문입니다. 석유도 비슷하지 않을까요? 석유 시대도 언젠가는 끝나겠죠. 하지만 그 이유가 꼭 석유 고갈 때문은 아닐 수도 있습니다. 새로운 에너지원이 등장해 석유를 대신할 거라는 거죠. 따라서 설사 석유가 좀 부족해진다 하더라도 크게 걱정할 필요가 없습니다."

그러자 즉각 혜은이 반론을 내놓았다.

"그런 주장은 좀 위험한 것 같은데요? 지금 우리가 주요 에너지원으로 사용하는 석유, 석탄, 천연가스는 물론이고 원자력 발전의 원료인 우라늄도

어차피 매장량은 한정돼 있잖아요? 그리고 이 모두가 빠르게 고갈되고 있습니다. 태양열, 풍력 같은 재생 에너지는 아직 널리 사용되지 못하고 있고요. 이런 상황에서 언젠가 새로운 에너지가 나타나서 모든 문제를 해결해 줄 것처럼 기대하는 건 너무 막연하고 무책임한 게 아닐까요?"

"그거야말로 너무 비관적인 생각입니다. 예를 들어 먼 옛날 사람들이 원자력 발전이란 걸 상상이라도 할 수 있었을까요? 이전에는 꿈도 꾸지 못했던 새로운 에너지를 만들어 냈잖아요? 이처럼 인간의 창조력이나 재능은 아주 대단한 겁니다. 기술 개발과 투자를 더욱 많이 하면 새로운 자원이나 에너지를 계속 찾아낼 수 있습니다. 에너지를 더욱 효율적으로 이용하고 절약하는 방법도 계속 발전할 거고요. 그런 과정에서 석유를 대신할 새로운 에너지를 얼마든지 개발할 수도 있어요."

혜은의 반론을 되받은 건 현준이었다.

"현실을 똑바로 바라봐야죠. 좀 전에 선생님 말씀처럼 지금 우리는 석유 없이는 한순간도 살 수 없습니다. 모든 산업, 교통, 냉난방, 식생활 등이 석유를 바탕으로 이루어지고 있습니다. 바로 그 석유가 빠르게 없어지고 있는 긴급한 상황에서 마치 우리를 구원해 줄 행운이 어느 날 하늘에서 뚝 떨어질 것처럼 얘기하는 건 아무래도……."

"아니, 제가 언제 그런 뜻으로 얘기했습니까? 뭔가가 하늘에서 뚝 떨어지는 게 아니라 끊임없이 연구하고 노력해야죠. 그런 과정에서 새로운 성과가 나올 수……."

"아, 그런 노력을 하는 거야 누가 부정하겠어요? 당연히 그래야죠. 하지만 그보다 더 중요한 건 머지않아 닥칠 석유 고갈 사태에 어떻게 대비할 거냐는 거죠."

"아, 저기 잠깐만……."

한창 혜은과 현준이 서로 말꼬리를 자를 정도로 뜨겁게 논쟁을 벌이는 중이었는데, 선생님이 끼어들었다. 이쯤에서 토론의 흐름을 한번 정리해 보는 게 좋겠다고 판단한 것이다.

"네, 다들 잘하고 있어요. 그런데 이쯤에서 중간 정리를 좀 하고 넘어가죠. 지금 토론 내용이 석유 고갈 문제에 이어 석유의 대안은 무엇이냐, 또 그런 것이 과연 있을 수 있느냐 하는 것으로 넘어왔어요. 그래서 우선, 석유를 대신할 새로운 에너지에 대해서 얘기해 보죠. 지금 현실에서 거론할 수 있는 건 원자력 발전이나 재생 에너지를 비롯한 대체 에너지 같은 것들이에요. 그런데 원전에 대해서는 이미 토론을 했으니까 오늘은 재생 에너지를 다루도록 하죠. 이 쟁점을 처음 제기한 진아가 먼저 얘기해 볼까?"

재생 에너지는 석유를 대신할 수 있을까?

"네, 다들 아시다시피 재생 에너지란 태양의 빛과 열, 바람, 목재나 곡물 같은 생물 자원, 땅속의 열을 뜻하는 지열 같은 걸 말하죠. 바다의 파도나 조수 간만의 차이가 만들어 내는 힘도 포함하고요."

준비를 제법 열심히 한 듯 진아의 목소리에 자신감이 느껴졌다.

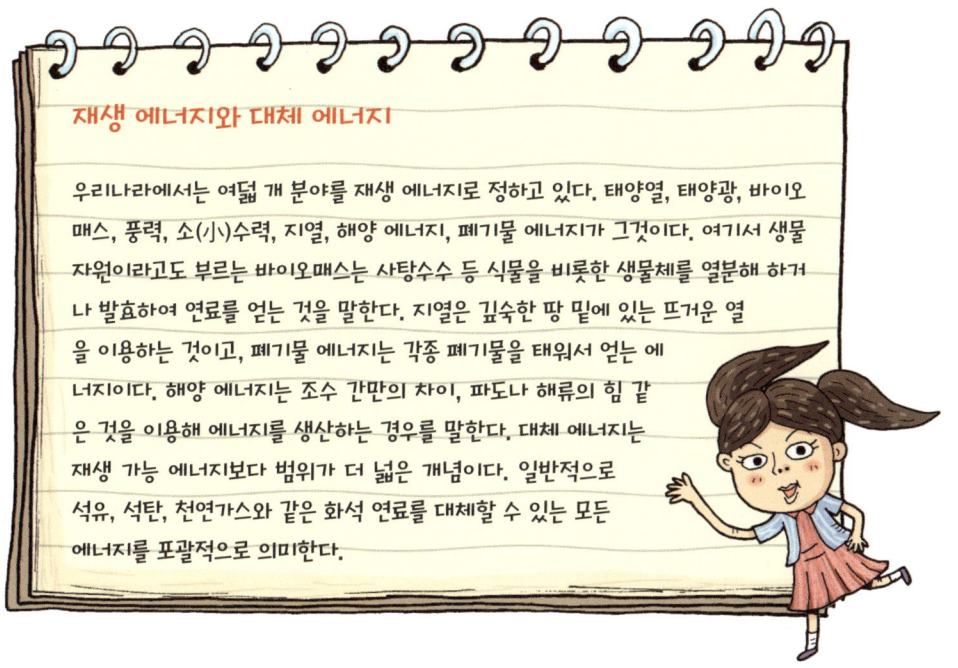

재생 에너지와 대체 에너지

우리나라에서는 여덟 개 분야를 재생 에너지로 정하고 있다. 태양열, 태양광, 바이오매스, 풍력, 소(小)수력, 지열, 해양 에너지, 폐기물 에너지가 그것이다. 여기서 생물 자원이라고도 부르는 바이오매스는 사탕수수 등 식물을 비롯한 생물체를 열분해 하거나 발효하여 연료를 얻는 것을 말한다. 지열은 깊숙한 땅 밑에 있는 뜨거운 열을 이용하는 것이고, 폐기물 에너지는 각종 폐기물을 태워서 얻는 에너지이다. 해양 에너지는 조수 간만의 차이, 파도나 해류의 힘 같은 것을 이용해 에너지를 생산하는 경우를 말한다. 대체 에너지는 재생 가능 에너지보다 범위가 더 넓은 개념이다. 일반적으로 석유, 석탄, 천연가스와 같은 화석 연료를 대체할 수 있는 모든 에너지를 포괄적으로 의미한다.

"이런 재생 에너지는 장점이 많습니다. 첫째, 석유 같은 화석 연료와 달리 자연을 그다지 파괴하지 않고 온난화의 원인 물질인 이산화탄소를 배출하지 않습니다. 지구 온난화가 얼마나 심각한 문제인지는 지난번 토론회에서도 확인했었죠. 둘째, 고갈을 염려할 필요가 없습니다. 태양이나 바람은 없어지는 게 아니잖아요? 셋째, 석유처럼 특정 지역에 집중되어 있지 않기 때문에 어디서나 그곳의 조건에 맞는 에너지를 손쉽게 얻을 수 있습니다. 그래서 에너지에 대한 해외 의존을 낮출 수도 있죠. 이런 점들 때문에 재생 에너지를 널리 사용한다면 지구 온난화도 막을 수 있고 화석 연료를 대신하는 효과도 아주 크다고 할 수 있습니다."

"네, 조목조목 잘 설명했네요. 하지만 장점이 있다면 단점도 있지 않을까요? 이것에 대해서는 누가……."

"제가 말씀드리겠습니다."

선생님의 얘기가 채 끝나기도 전에 선뜻 나선 건 민철이었다. 선생님은 빙긋이 웃으며 얘기를 계속하라는 손짓을 보냈다.

"먼저 얘기할 건, 아직까지는 기술 수준이 낮아서 필요한 만큼의 에너지를 만들어 내지 못한다는 점입니다. 생산하는 전력에 비해 돈도 너무 많이 들고요. 또한 날씨, 지역, 계절, 온도와 같은 자연환경의 영향을 많이 받기 때문에 안정적으로 전기를 만들기가 어렵습니다."

"그 외에 다른 문제들도 짚어 볼 필요가 있습니다."

민철 다음으로 나선 건 유림이었다.

"예를 들어 생물 자원 중 대표적인 게 옥수수나 사탕수수입니다. 이걸 대량으로 재배해 자동차 연료를 만듭니다. 바이오 연료라고 하죠. 그런데 이런 곡물을 대규모로 재배하느라 남미 아마존 지역 같은 곳들의 열대우림과 토양이 크게 망가지고 있다고 합니다. 또 사람들이 먹어야 할 곡물이 자동차 연료로 쓰이는 바람에 세계적인 식량 부족 사태를 일으키는 원인이 될 수도 있다고 하고요."

"그런 경우는 석유를 대체하는 효과는 있겠지만 진정한 의미의 재생 에너지라고 보기가 힘들겠는데요?"

"맞아요. 그런데 바람을 이용하는 풍력 발전이나 물을 이용하는 수력 발전에도 문제가 없는 건 아닙니다."

수력 발전의 종류

주로 강에 댐을 만들어 전기를 생산하는 수력 발전은 크게 두 가지로 나눌 수 있다. 하나는 주변 자연환경을 거의 고려하지 않고 대량의 전력 생산을 목적으로 거대한 댐을 건설하는 대(大)수력이다. 또 하나는 주변 생태계를 해치지 않도록 소형 댐을 만들어 전력을 생산하는 소(小)수력이다. 그런데 대수력은 강과 주변 환경을 크게 파괴하고 인근 주민들에게 피해를 주는 경우가 많기 때문에 재생 에너지로 분류하지 않는다. 오히려 요즘은 자연을 다시 살리기 위해 세계 곳곳에서 큰 댐들을 철거하는 경우도 종종 있다.

다들 재생 에너지에 대해서는 관심이 많은 모양이었다. 이 문제가 쟁점으로 떠오르자 너도나도 한마디씩 거들고 나섰다. 지난 토론회에서 지구 온난화 문제를 공부한 후 그 해결책으로 자연스레 재생 에너지를 떠올렸기 때문이다. 이번엔 정수였다.

"예를 들어 높고 거대한 풍력 발전기가 수백 대, 수천 대씩 곳곳에 세워진다고 한번 상상해 보세요. 자연 경관도 보기 흉하게 바뀌고 생태계에 부정적인 영향을 미칠 가능성도 있습니다. 대규모 풍력 단지가 산간 지역에 들어서면 자연 훼손을 피하기 어렵겠죠. 수력의 경우도 처음엔 대규모 수력 발전도 친환경적인 것으로 여겨졌다고 합니다. 하지만 이후에 수력 발전을 하는 대형 댐들이 강 생태계를 파괴하고 주변 환경을 망가뜨린다는 게 밝혀졌죠."

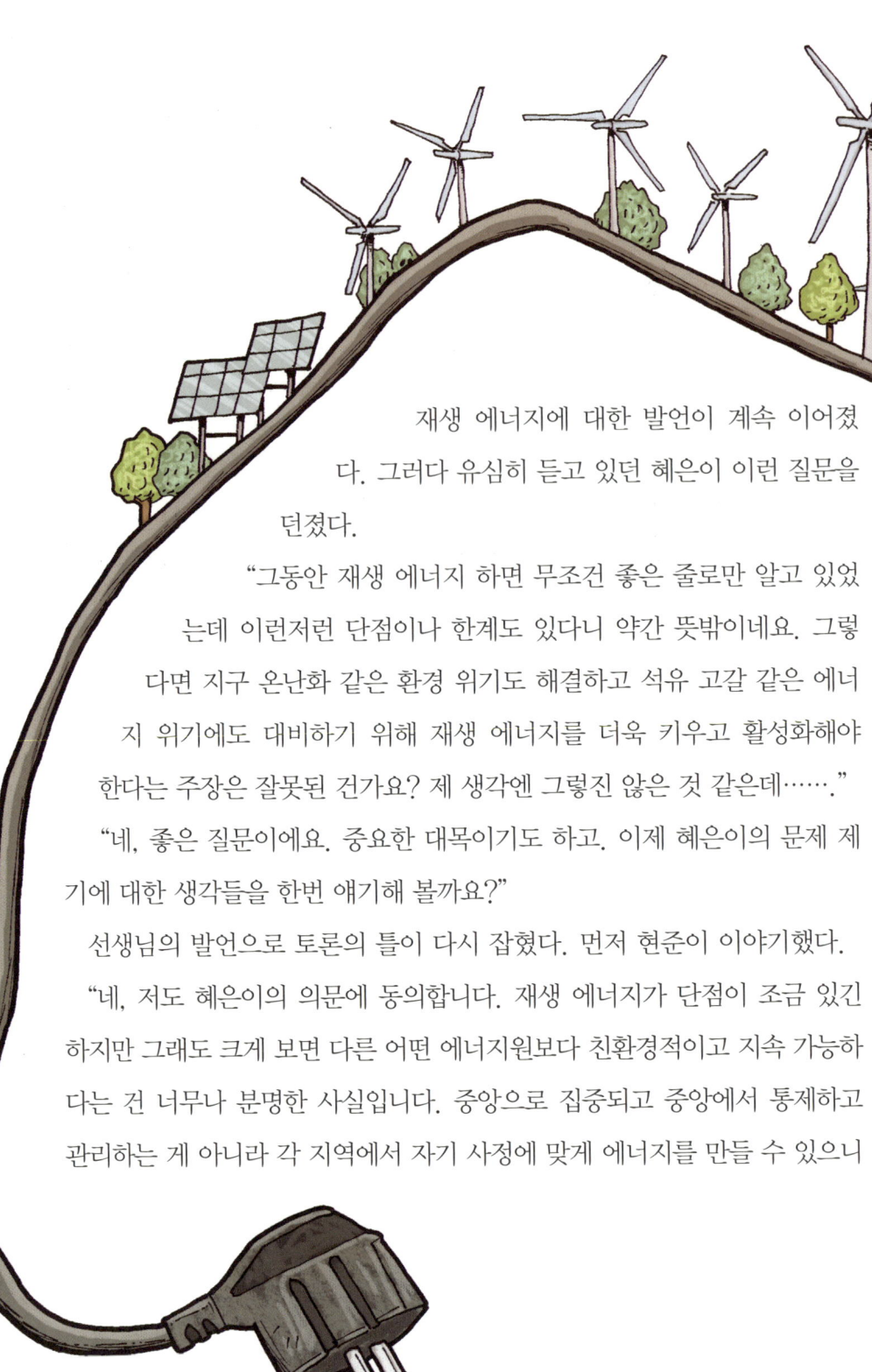

재생 에너지에 대한 발언이 계속 이어졌다. 그러다 유심히 듣고 있던 혜은이 이런 질문을 던졌다.

"그동안 재생 에너지 하면 무조건 좋은 줄로만 알고 있었는데 이런저런 단점이나 한계도 있다니 약간 뜻밖이네요. 그렇다면 지구 온난화 같은 환경 위기도 해결하고 석유 고갈 같은 에너지 위기에도 대비하기 위해 재생 에너지를 더욱 키우고 활성화해야 한다는 주장은 잘못된 건가요? 제 생각엔 그렇진 않은 것 같은데……."

"네, 좋은 질문이에요. 중요한 대목이기도 하고. 이제 혜은이의 문제 제기에 대한 생각들을 한번 얘기해 볼까요?"

선생님의 발언으로 토론의 틀이 다시 잡혔다. 먼저 현준이 이야기했다.

"네, 저도 혜은이의 의문에 동의합니다. 재생 에너지가 단점이 조금 있긴 하지만 그래도 크게 보면 다른 어떤 에너지원보다 친환경적이고 지속 가능하다는 건 너무나 분명한 사실입니다. 중앙으로 집중되고 중앙에서 통제하고 관리하는 게 아니라 각 지역에서 자기 사정에 맞게 에너지를 만들 수 있으니 민주적이기도 하고요. 이렇게 각 지역으로 분산되어 있어야 갑자기 에너지 위기가 닥쳐도 그 충격을 분산하고 피해도 줄일 수 있다고 생각합니다."

"네, 맞습니다. 적어도 지금 현실에서 석유 같은 화석 연료의 대안으로 재생 에너지보다 나은 건 찾기 어렵습니다. 그래서 정책이나 제도 같은 것들을 통해 재생 에너지를 더욱 강력하게 지원하고 북돋워 주는 게 필요합니다. 그렇게 하면 지금의 단점이나 한계를 해결하는 데에도 큰 도움이 되지 않을까요? 자료를 보니까 대표적으로 독일 같은 나라가 이런 노력으로 재생 에너지가 크게 발전하였다고 합니다. 그래서 많은 사람들이 부러워한대요."

민철이 현준의 의견에 적극 동조하고 나섰다. 그래서인지, 선뜻 다음 발언에 나서는 사람이 없었다. 현준과 민철의 의견에 다들 동의하는 걸까? 아니면 판단을 내리기가 힘든 걸까? 아무튼 고개를 끄덕끄덕하는 친구들도 있고, 아직 헷갈린다는 표정으로 고개를 갸웃갸웃하는 친구들도 있었다. 그때 유림이 좀 망설이는 말투로 입을 열었다.

"네, 현준이와 민철이의 주장이 맞는 것 같긴 해요. 하지만 과연 재생 에너지로 석유를 대신할 수 있을지 의문이 드는 것도 사실입니다. 재생 에너지는 이제 겨우 걸음마 단계인데, 지금 전체 에너지 사용에서 압도적인 비중을 차지하는 화석 연료나 원자력 발전을 언제쯤 대체할 수 있을지……."

잠깐 침묵이 흘렀다. 유림이 내놓은 의문에 누구도 속 시원한 답변을 내놓기가 어려웠기 때문이다. 결국 선생님이 나섰다.

"그래요. 지금 좀 어려운 얘기가 나왔네요. 하지만 이것도 아주 중요한 문제죠. 자, 다들 찬찬히 궁리해 봐요. 재생 에너지가 바람직한 건 사실인데 과연 지금의 세상을 지배하는 석유 문명을 대체할 수 있을까? 만약 대체할 수 없다면 어떻게 해야 할까?"

재생 에너지 확대를 위해 할 일은?

한 2~3분 정도 흘렀을까, 이윽고 진아가 "음, 제 생각엔……." 하며 조심스레 말문을 열었다. 그러자 선생님이 "그래, 생각 정리가 좀 덜 됐더라도 편하게 말해 봐요. 얘기를 하는 과정에서 자연스럽게 정리가 될 수도 있거든요." 하면서 쭈뼛거리는 진아를 북돋워 주었다.

"네, 제 생각엔 재생 에너지든 무슨 에너지든 석유를 완전히 대체하는 건 어렵지 않을까 합니다. 음, 왜냐하면 재생 에너지 자체도 화석 연료가 있어야 만들 수 있기 때문이에요. 예를 들어, 제가 자료를 살펴보니까 태양광 발전을 하려면 배터리, 전지판, 전자 장치, 배선, 플라스틱 같은 게 있어야 합니다. 그런데 이런 것들은 화석 연료를 사용해서만 만들 수 있잖아요?"

"진아 얘기를 듣자니까 풍력도 비슷한데요? 제가 알기로 풍력 터빈이 있어야 전기를 만들 수 있는데, 그 터빈이라는 기계 장치는 화석 연료 없이는 못 만듭니다. 또 발전소 터를 닦고 온갖 부품을 옮겨 오고 각종 설비를 갖추는 데에도 석유로 움직이는 차량이나 장비가 있어야 하잖아요? 그러니 결국 재생 에너지 같은 대체 에너지는 석유 중심의 화석 연료를 부분적이거나 일시적으로만 대신할 수 있는 게 아닐까요?"

진아의 얘기를 이어받아서 덧붙인 건 정수였다. 그러자 혜은이 휴우 하고 한숨을 내쉬면서 반문했다.

"그럼 도대체 어떻게 해야 하는 거죠? 석유는 고갈된다는데 석유를 대신할 수 있는 게 없다면……. 대체 우리가 뭘 할 수 있는 거죠? 그리고 뭘 해야 하는 거죠?"

토론이 다시 잠깐 끊겼다. 그러다 나름 생각의 가닥을 잡은 듯 민철이 얘기를 시작했다.

"어떻든 분명한 건 아무 일도 안 하고 태평하게 지낼 수는 없다는 거잖아요? 제 생각에 결국 해법은 몇 가지 노력을 동시에 기울이는 것밖에 없을 것 같아요. 음, 첫째는 오늘날 석유를 지나치게 마구 쓰는 경제 체제와 산업 구조를 근본적으로 고치는 겁니다. 그리고 둘째는 사람들의 생활 방식을 바꾸는 겁니다. 가능한 한 에너지를 절약하고 효율적으로 쓰는 쪽으로 말이에요."

"몇 가지라고 했는데, 그럼 나머지는 뭔가요?"

민철을 재촉한 건 진아였다. 무슨 기발한 아이디어라도 나오길 기대하는 눈치였다. 하지만 민철의 답변에 그다지 특별한 건 없었다.

"아니 뭐, 다른 게 아니라 그러는 동시에 재생 에너지를 빨리 발전하여 최대한 널리 확산시키는 거죠. 석유 고갈과 환경 위기를 동시에 이겨 낼 수 있는 가장 좋은 방도가 재생 에너지라는 사실은 부정할 수 없잖아요? 이런 다양한 노력이 잘 맞물려 돌아가면 그나마 희망을 찾을 수 있지 않을까요?"

"네, 좋은 얘기긴 한데, 그게 과연 가능할지 어떨지……. 저는 잘 모르겠네요."

 민철의 주장에 동의하면서도 그 실현 가능성에 우려를 표시하는 목소리가 다시 나왔다. 진아였다. 대체로 민철의 의견에도 공감하고, 진아의 지적에도 수긍하는 분위기였다. 그때 현준이 마치 희망찬 결론을 내리기라도 한 듯 가슴을 쑤욱 내밀며 입을 열었다.

 "그런데 무슨 일이든 자꾸 힘들고 어렵다고만 생각하면 제대로 되는 게 있겠어요? 재생 에너지 확산이 어려운 이유는 지금으로서는 비용도 많이 들고 관련 기술도 개발이 덜 된 탓이 큽니다. 그동안 지나치게 석유 같은 화석 연료에만 편하게 의존해 온 결과죠. 제 생각엔 이럴수록 정책, 제도, 법을 만드는 정부와 정치인들, 돈과 기술을 비롯한 여러 자원을 많이 가지고 있는 기업 같은 데서 보다 적극적으로 나서는 게 중요할 것 같습니다. 아까도 나온 얘기지만, 재생 에너지 쪽으로 지원과 혜택도 많이 제공해 주고 힘을 팍팍 실어 주면 사회 분위기와 사람들 생각도 빨리 바뀌고 재생 에너지도 훨씬 활성화할 수 있지 않을까 합니다."

 시원시원한 현준의 발언이 끝나자 이번엔 정수가 맞장구를 쳤다.

 "네, 현준이 말이 맞습니다. 좀 전에 민철이도 잠깐 얘기했지만, 재생 에너지 개발이 가장 활발하게 이루어지는 나라는 독일입니다. 원자력 발전을 앞장서서 폐기하겠다는 나라다운 모습이죠. 독일에서는 정부도, 기업도, 정치를 하는 사람들도, 나아가 일반 시민들도 환경 의식이 매우 높아서 재생 에너지 확대를 큰 어려움 없이 국가의 중요한 정책으로 추진한다고 합니다. 또 그 과정에서 새로운 일자리도 많이 만들어졌다고 해요. 그러니까 재생

에너지는 에너지 위기에 대비하고 온난화를 줄일 뿐만 아니라 실업 문제를 해결하는 데에도 도움이 된다는 거죠."

골치 아픈 얘기로 맥이 조금 빠지는 것 같았던 토론 분위기가 막판에 다시 밝게 살아났다. 그런 흐름을 타고 유림도 덩달아 한마디 하겠다고 나섰다.

"맞아요. 독일이 하는 걸 우리라고 못 할 이유가 어디 있어요? 모두가 뜻을 모으고 힘을 합쳐 노력하면 성과도 크게 나겠죠. 무엇보다 당장 우리 지구를 위험에 빠뜨리고 있는 기후 변화나 온난화 문제를 막기 위해서라도 재생 에너지 확대는 필수적이에요."

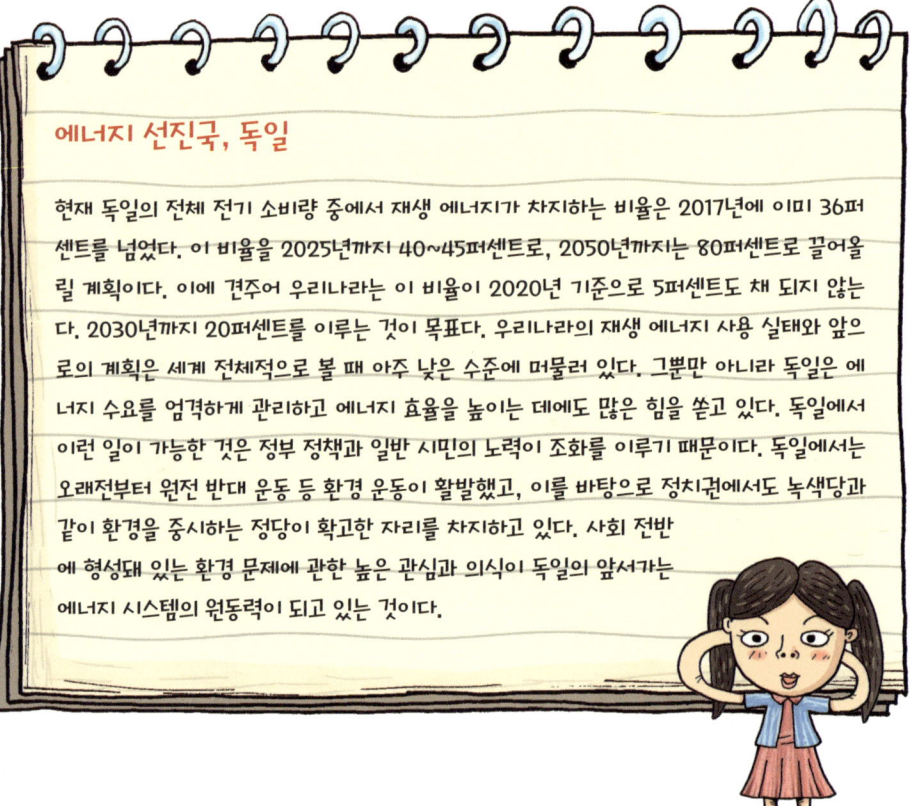

에너지 선진국, 독일

현재 독일의 전체 전기 소비량 중에서 재생 에너지가 차지하는 비율은 2017년에 이미 36퍼센트를 넘었다. 이 비율을 2025년까지 40~45퍼센트로, 2050년까지는 80퍼센트로 끌어올릴 계획이다. 이에 견주어 우리나라는 이 비율이 2020년 기준으로 5퍼센트도 채 되지 않는다. 2030년까지 20퍼센트를 이루는 것이 목표다. 우리나라의 재생 에너지 사용 실태와 앞으로의 계획은 세계 전체적으로 볼 때 아주 낮은 수준에 머물러 있다. 그뿐만 아니라 독일은 에너지 수요를 엄격하게 관리하고 에너지 효율을 높이는 데에도 많은 힘을 쏟고 있다. 독일에서 이런 일이 가능한 것은 정부 정책과 일반 시민의 노력이 조화를 이루기 때문이다. 독일에서는 오래전부터 원전 반대 운동 등 환경 운동이 활발했고, 이를 바탕으로 정치권에서도 녹색당과 같이 환경을 중시하는 정당이 확고한 자리를 차지하고 있다. 사회 전반에 형성돼 있는 환경 문제에 관한 높은 관심과 의식이 독일의 앞서가는 에너지 시스템의 원동력이 되고 있는 것이다.

어느새 시간이 꽤 많이 흘렀다. 슬슬 토론회를 마무리해야 할 시점이다. 선생님의 정리 발언이 시작됐다.

"네, 그래요. 좋은 얘기들이 많이 나왔네요. 특별히 더 얘기할 건 없지만, 한 가지만 덧붙이죠. 우리나라는 석유 한 방울 나지 않고 에너지의 해외 의존율이 엄청나게 높은 나라예요. 때문에 요즘처럼 석유 가격이 치솟거나 외국에서 에너지를 들여오는 데 중대한 문제라도 생기면 큰 타격을 받을 수밖에 없어요. 그래서 우선은 에너지를 낭비하는 데 길들여진 우리의 생활 습관을 바꾸는 게 아주 중요해요. 자기 자신은 변하지 않으면서 세상이 변하길 기대하는 건 잘못이겠죠? 그런 의미에서 오늘 토론한 내용에 비추어 각자 생활 속에서 실천할 일은 무엇일까를 다들 한번 생각해 봐요. 이런 거야말로 진짜 공부니까. 자, 그럼 오늘 토론회는 여기서 마치죠."

드디어 세 번째 토론회가 끝났다. 오늘은 이전과는 약간 다른 방식으로 토론회가 흘러갔다. 처음에 석유 고갈 문제를 다룰 때에는 두 팀의 주장이 뚜렷이 갈렸다. 그런데 나중에 재생 에너지 얘기가 나오면서부터는 팀의 입장과는 무관하게 각자 자유롭게 자기 생각을 얘기하며 토론을 벌였다. 일부러 그런 게 아니라 하다 보니 자연스럽게 그리된 것이다.

선생님도 이런 방식의 토론이 나쁘지 않다고 여겼는지 별다른 지적을 하지 않았다. 하긴 토론에 딱 정해진 한 가지 방식만 있으란 법은 없다.

집으로 돌아오는 길에 진아는 문득 선생님의 마무리 발언을 떠올려 보았다. 그러면서 내가 실천할 수 있는 건 뭘까를 궁리해 보았다. 우선 에너지나 물건을 낭비하는 경우만 꼽아 보아도 반성할 것들이 한두 가지가 아니었다.

이를테면 쓰지도 않으면서 컴퓨터를 오랜 시간 켜 두는 것, 서너 층 정도면 걸어 다녀도 되는데 굳이 엘리베이터를 타는 것, 목욕이나 샤워를 할 때 물을 쓸데없이 틀어 두는 것, 학용품이나 생활용품을 함부로 버리고 낭비하는 것, 멀쩡한 옷인데도 조금 오래 입었다고 새 옷을 사 달라고 조르는 것 같은 게 줄줄이 생각났다.

그러면서 집에 도착한 진아의 머릿속엔 갑자기 이런 아이디어가 떠올랐다.

'와! 이거, 고칠 게 수두룩한걸? 이걸 좀 더 꼼꼼하게 정리해서 리스트로 한번 작성해 보는 게 좋겠어. 다른 친구들한테도 이렇게 하자고 해서 각자가 만든 '실천 사항 리스트'를 서로 비교해 보는 것도 재밌겠는데?'

함께 정리해 보기
석유 고갈과 미래 에너지를 둘러싼 쟁점

석유 고갈이 다가오므로 재생 에너지가 시급하다	논쟁이 되는 문제	석유 고갈은 과장이며 기술이 에너지 위기를 해결할 것이다
석유 생산량이 최대치인 '석유 생산 정점'을 지나 급속하게 고갈되고 있다.	석유 고갈은 사실인가?	석유 고갈 주장은 증거가 부족하고 너무 과장된 것이다.
기술적·경제적으로 뽑아 쓰기가 어려운 곳에 묻혀 있기 때문에 사용 가능성이 낮다.	남은 석유는 없는가?	우리가 아직 모르는 곳에 많이 묻혀 있고, 기술 개발과 투자로 얼마든지 뽑아 쓸 수 있다.
고갈 위험과 환경 파괴가 없는 대안 에너지로서 최대한 활성화해야 한다.	재생 에너지는 석유를 대체할 수 있을까?	왼쪽 주장에 동의하지만 단점과 한계도 명확해서 석유의 대안이 될 수는 없다.
재생 에너지 확대, 경제 구조와 생활 방식의 근본적 변화가 필수적이다.	에너지 위기 극복 방안은 무엇일까?	왼쪽 주장에 동의하지만 석유 고갈 주장을 내세워 에너지 위기를 과장해서는 안 된다.

4장
보전이냐, 개발이냐?

자연을 개발할 것인가, 보전할 것인가는 환경 토론에서 아주 오래된 핵심 주제야. 좀 더 넓게 말하면 '경제냐, 환경이냐.'를 둘러싼 논쟁이라고도 할 수 있지. 물론 여기서 명심할 것은 둘 중 어느 한쪽만이 절대적으로 좋다는 게 아니라, 둘 사이의 관계를 어떻게 잘 풀어 가느냐가 중요하다는 거야.

그래서 여기서는 개발이 미치는 영향들은 어떠한지, 경제와 환경 중 어느 쪽을 더 중시할지, 환경을 배려하면서 자연과 조화를 이루는 경제는 어떻게 가능한지, 지나친 개발과 바람직한 경제의 관계는 무엇인지 등을 잘 살펴보는 게 중요해.

개발이 중요하다

환경 보전보다는 개발과 경제 성장이 더 중요해. 환경이 밥 먹여 주는 건 아니잖아? 사실은 경제가 발전해야 환경 보전도 가능해. 아프리카 같은 곳을 봐. 사람들이 너무 가난하니까 먹을 것이나 연료를 구하기 위해 숲 같은 자연을 파괴하는 거야. 반대로 경제적으로 풍요롭고 생활이 편안해야 자연에 대한 관심이나 애정도 생길 수 있어. 환경을 잘 보전한 나라들도 대부분 잘사는 선진국들이잖아? 환경 위기도 너무 과장하면 안 돼. 인류는 환경 위기로 망해 가는 게 아니라 오히려 풍요로워지고 안락한 삶을 누리게 됐어. 이런 걸 진보라고 하잖아? 이게 다 개발과 경제 성장 덕분이지.

보전이 중요하다

진아 / 현준 / 유림

사람들 사는 게 어려운 건 세상의 부(富) 자체가 모자라서가 아니야. 잘못된 사회 경제 구조 탓이지. 세계적으로 식량이 남아도는데도 수많은 사람이 굶주리는 이유가 뭐겠어? 불평등하고 양극화된 경제 시스템이 문제거든. 지금은 자연 파괴를 일삼는 개발 중심의 경제, 더 많이 소유하고 더 많이 소비하는 것을 최고로 여기는 성장 위주의 경제, 에너지와 자원을 흥청망청 쓰는 낭비 경제를 바꿔야 해. 이런 맹목적인 개발과 성장에 매달린 결과, 환경이 훼손되고 경제와 삶의 토대인 자연이 망가진 거야. 지나친 개발은, 자연은 물론 경제 자체도 망친다는 걸 알아야 해.

보전이냐, 개발이냐?

새만금 사업과 개발 열풍

"엄마, 저 사람들 지금 뭐 하는 거야?"

"응, 전라북도 서해안에 새만금이라는 아주 넓은 갯벌이 있었는데, 그 갯벌을 없애는 걸 반대했던 거야."

"와, 그런데 저 사람들 진짜 힘들었겠다."

"아휴, 말도 못 하지. 저렇게 세 걸음에 한 번씩 절을 하면서 새만금에서 서울까지 300킬로미터를 갔으니, 그야말로 상상하기도 힘든 일이지."

"그런데 갯벌을 왜 없앤 거야?"

"그야 뭐, 갯벌을 메워서 거기다 공장이나 도시 같은 것들을 만들겠다는

새만금 간척 사업이란?

전라북도 서해안의 군산과 부안 사이에 있는 갯벌과 바다를 메워 땅으로 만드는 초대형 간척 사업이다. 그 과정에서 약 34킬로미터에 이르는 세계에서 가장 긴 방조제가 건설됐다. 세계 5대 갯벌의 하나로 손꼽히는 새만금 갯벌이 사라지는 것을 비롯해 극심한 자연환경 파괴를 우려하는 많은 사람이 거세게 반대했지만, 끝내 공사가 강행됐다. 그렇게 만들어진 땅에는 산업 단지, 관광, 도시 등을 개발하고 있다.

거지."

어느 날 진아는 엄마와 함께 텔레비전을 보고 있었다. 텔레비전에서는 2003년, 새만금 갯벌을 살리기 위해 벌어진 '삼보일배(三步一拜)' 장면이 자료 화면으로 나오고 있었다.

진아는 삼보일배가 무엇인지 그날 처음 알았다. 그것은 한자 뜻 그대로 세 걸음 걷고 나서 한 번 땅에 엎드려 절하는 것을 말했다.

그냥 걸어가는 게 아니라 세 걸음마다 한 번씩 멈추어, 마치 우리가 설날에 어른들에게 큰절을 하듯이 몸을 땅에 완전히 엎드려 절을 하는 것이 바로 삼보일배였다. 그렇게 느린 속도로, 그렇게 힘든 몸짓으로, 무려 300킬로미터를 가는 것이다.

화면 속에 비치는 삼보일배 참가자들의 얼굴은 말이 아니었다. 내리쬐는

뙤약볕과 뜨겁게 달구어진 아스팔트 도로가 내뿜는 열기로 얼굴은 온통 까맣게 탔고, 온몸에선 굵은 땀방울이 비 오듯 흘러내리고 있었다.

그날 진아가 본 건, 우리 사회에서 개발과 환경 보전 사이에 갈등이 빚어진 대표적인 몇몇 사례들을 모아서 보여 주고 있는 환경 특집 프로그램이었다. 댐이나 골프장 건설을 둘러싸고 분쟁이 일어난 경우도 있고, 동네 뒷산이 개발로 파괴되는 것을 막기 위해 수십 일 동안이나 나무 위에 올라가서 시위를 벌이는 장면도 나왔다.

한참을 보면서 엄마와 이런저런 얘기를 나누다가 문득 진아는 환경 토론 모임을 떠올렸다.

'그래, 저런 거야말로 토론 주제로 안성맞춤이겠구나.'

이번 토론회 주제는 이렇게 정해졌다. 개발이냐, 보전이냐? 경제냐, 환경이냐? 댐이나 골프장은 말할 것도 없고 도로, 공항, 다리, 터널 같은 사회 기반 시설의 건설, 주택 단지나 산업 단지 개발, 갯벌 간척 등으로 전국 곳곳에서 공사 열풍이 불고 있다는 건 진아와 토론 모임 친구들도 알고 있었다. 그리고 이런 개발 바람이 국토 환경을 대규모로 망가뜨리고 있다는 뉴스도 가끔씩 접하던 터였다.

그런데 문제는 이 모든 개발 사업들을 다 살펴볼 수는 없다는 점이었다. 그래서 사전 준비 모임에서 대표적인 사례 한 가지를 선정하고 그것을 중심으로 개발과 보전, 경제와 환경의 관계에 대해 토론하기로 의견이 모아졌다.

어떤 사례를 검토할지를 놓고 이런저런 제안들이 쏟아지던 중에 문득 현준이 이런 말을 꺼냈다.

"골프장이 어떨까? 우리 아빠가 가끔씩 주말에 골프 치러 가시는데 여러 번 하신 얘기가 있거든. 아빠 말씀으로는, 골프 치는 것 자체는 재밌고 좋은데 그 큰 산을 완전히 밀어 없애 버리고 골프장을 만든 건 좀 안타깝다고 하시더라고. 그런 골프장이 전국에 무려 400개가 넘는대."

그러자 곧이어 혜은이 자기 아빠 얘기를 꺼냈다.

"어, 그래? 우리 아빠는 골프는 안 하지만 이렇게 얘기하시던데? 그 넓은 골프장에 푸른 잔디가 쫙 깔려 있으니 보기에도 좋고 환경에도 좋은 거 아니냐고 말이야."

"물론 보기야 좋겠지. 하지만 골프장 자리는 원래 산이나 숲, 논밭 같은 곳이 었을 것 아냐. 그렇게 보면 우리나라처럼 국토가 좁

은 나라에 골프장이 400개가 넘는다는 건 좀 심각한 문제 아닐까?"

"음, 그렇다 해도 많은 사람이 운동하는 곳이니 건강에도 도움이 될 거고, 골프장에 사람들이 많이 다니면 주변 마을도 더 발전하지 않을까?"

정수와 유림이도 각자 한마디씩 하면서 자기 의견을 내놓았다. 그런 친구들 얘기를 가만히 듣고 있다가 논의를 정리한 건 민철이었다.

"야, 벌써부터 토론 비슷하게 얘기가 흘러가는 걸 보니 골프장 얘기가 재밌긴 하겠는데? 이걸로 하자고. 골프장의 장단점을 비교하면서 개발과 보전의 문제를 한번 토론해 보는 거야."

사전 준비 모임은 그렇게 매듭이 지어졌다. '보전' 팀은 현준을 팀장으로 하고 진아와 유림이, '개발' 팀은 혜은을 팀장으로 하고 정수와 민철이 팀원이 되었다.

골프장은 좋은가, 나쁜가?

드디어 네 번째 토론회의 막이 올랐다. '개발이냐, 보전이냐?'라는 이번 주제는 내용이 비교적 간단한 덕분에 다들 준비하는 데 그리 큰 어려움은 없었다. 하지만 실제 토론이란 건 어떻게 될지 모른다. 토론하는 와중에 예상하지 못했던 쟁점이 불쑥 불거져 나올 수도 있고, 토론의 흐름이 갑자기 엉뚱한 방향으로 뛸 수도 있기 때문이다.

"골프장은 다른 나라는 몰라도 우리나라에는 어울리지 않습니다."

토론을 시작하고 선생님이 보전 팀에게 첫 발언 기회를 주자마자 팀장인 현준이 제법 세게 치고 나왔다. 그러자 개발 팀에서 즉각 불만 섞인 소리가 터져 나왔다.

"뭐야, 벌써 결론부터 내리면 어떡해? 왜 그렇게 주장하는지 근거를 가지고 상세한 설명부터 해야지. 안 그래?"

"하하하, 그러니 내 얘기를 끝까지 잘 들어 봐. 왜 그렇게들 성급해?"

현준은 여유 만만했다. 한데 분위기가 자연스럽고 좋은 건 괜찮지만, 토론을 공식적으로 시작했는데도 습관처럼 반말이 오가는 건 문제였다. 보고 있던 선생님이 양쪽에 주의를 주었다. 모두 다 '아, 네.' 하면서 뒷머리를 긁적이거나 어깨를 움찔거렸다. 현준의 발언이 계속되었다.

"골프는 원래 15세기 영국 스코틀랜드 방목지에서 목동들이 시작했습니다. 영국은 평지가 많은 나라로서 산지라 해도 별로 높지 않습니다. 산림을 일찍부터 개간했기 때문에 한때는 국토 면적의 80퍼센트 정도가 목초지와 농경지였다고 합니다. 거기다 여름은 시원하고 겨울은 따뜻하기 때문에 벤트 그라스(Bent Grass)라는 사계절 잔디가 여기저기서 흔히 자란다고 합니다. 이게 바로 골프장에 주로 심는 잔디죠. 비도 2~3일마다 한 번씩 자주 내리기 때문에 물을 많이 먹는 잔디가 저절로 잘 자랄 수 있고요."

"영국 얘기만 하지 말고 우리나라 얘기를 해야죠."

현준의 얘기를 중간에 자른 건 정수였다. 발언 중간에 끼어든 건 바람직하지 않지만 틀린 지적은 아니었다. 그래서인지 현준은 뭐라고 토를 달지 않고 고분고분 얘기를 이어 갔다.

"네, 알았어요. 아무튼 그래서 골프를 처음 시작한 영국에서는 잔디를 깎아 주고 조금만 관리를 잘해 줘도 골프장을 만들어서 운영하는 데 별문제가 없습니다. 자연 파괴가 큰 문제가 되지 않는다는 거예요."

"그럼, 그런 영국과 우리나라는 자연조건이 어떻게 다른가요?"

선생님도 이런 질문을 던졌고, 이번엔 유림이 대답했다.

"네, 잘 아시다시피 우리나라는 국토의 70퍼센트가 산지잖아요? 여기에다 인구가 많아서 평지를 거의 대부분 도시나 주거 지역, 경작지로 이용하고 있습니다. 그래서 우리나라에서 대부분의 골프장은 산을 깎고 숲을 밀어 버리지 않고서는 만들기 어렵습니다. 게다가 우리나라는 반도 국가로서 대륙성 기후와 해양성 기후가 교차하고 다양한 지형으로 이루어져 있기 때문

에 환경 조건 또한 다양하고 복잡합니다. 사계절 푸른빛을 유지하는 골프장 잔디 한 종만 자라기에는 알맞지 않다는 거예요. 또 골프장을 유지하려면 물을 엄청 많이 줘야 하는데 우리는 영국과는 달리 비가 여름철에 집중적으로 옵니다. 그러니 막대한 양의 지하수를 퍼 올려 사용할 수밖에 없어요. 바로 이런 이유들 때문에 우리나라의 자연환경 조건에서는 골프장이 적절치 않다고 하는 겁니다."

"자연환경이 좀 알맞지 않다는 이유 하나만으로 골프 자체를 반대하는 건 억지 주장입니다. 오늘날 골프는 사치가 아니라 수많은 사람이 즐기는 대중 스포츠가 되었잖아요? 아시안게임이나 전국체전의 정식 종목으로도 채택되었고요. 오히려 골프를 국민 건강을 위해서라도 더욱 널리 확산시키는 게 좋습니다."

"그건 골프장이 안고 있는 수많은 문제를 잘 몰라서 하는 얘기입니다. 골프장은 규모에 따라 종류가 여러 가지가 있는데 가장 많은 건 18홀^{홀hole : 골프에서, 공을 넣는 그린(green) 위의 구멍}짜리 골프장이라고 합니다. 그런데 이 골프장 한 곳의 면적만 해도 무려 축구장 100개에 해당합니다. 보통 수십만 평은 되죠. 골프장을 만들려면 이 드넓은 땅에 사는 식물들을 모두 걷어 내고 흙을 깊이 파내서 다른 데로 옮겨야 합니다. 그리고 나선 생명체가 거의 살 수 없는 모래와 인공 흙으로 덮은 후 그 위에 외래종 잔디를 심고 끊임없이 유독한 농약과 비료를 뿌려야 합니다."

"그건 왜죠?"

다시 선생님이 질문을 던졌다.

"잔디를 잘 자라게 하려면 식물 종자는 물론이고 지렁이나 미생물 같은 것들까지도 없애야 하기 때문입니다. 그런데 이렇게 뿌린 농약은 비가 오면 씻겨 내려가기 마련입니다. 주변의 하천과 지하수를 오염시키고 토양과 산림도 망가뜨리게 돼요. 또 잔디를 제대로 유지하려면 물을 자주 뿌려야 하는데 이때 대부분 지하수를 이용합니다. 때문에 골프장 주변에서 물이 부족해지는 일이 자주 벌어진다고 합니다."

"왜 그렇게 부정적으로만 봐요? 골프장은 좋은 점도 많습니다. 골프장을 건설하면 우선 경제가 살아납니다. 건설업과 조경 산업 등이 발달하게 되고 일자리도 많이 늘어나게 됩니다. 또 요즘 지방마다 예산이 부족하다고 난리라고 하는데, 골프장은 돈을 끌어오고 세금 수입도 늘어나게 해 줍니다. 골프장 주변 지역도 덩달아 발전하죠. 도로를 만들고 숙박 시설, 음식점, 주유소 같은 것들을 만들게 되니까요. 골프장 주변 지역의 관광

도 활발해지고요. 이처럼 골프장은 경제를 발전시키고 지역 주민들에게 많은 이익을 가져다줍니다."

이전 토론처럼 또다시 두 팀 간의 공방이 달아올랐다. '환경'의 가치와 '경제'의 가치가 정면으로 맞부딪히는 모습이었다.

"그건 너무 겉모습만 보는 주장입니다. 골프장의 경제 효과는 일시적이고 한계가 뚜렷해요. 골프장 탓에 물이 부족해지고 수질도 오염되잖아요? 토양과 산림도 파괴되고요. 그래서 오히려 땅값도 떨어지고 농사도 못 짓게 되어 큰 피해를 보게 됩니다. 골프장 터와 근처에서 농사짓던 사람들은 생계 수단을 잃어버리거나 정든 땅을 떠나야 합니다. 지하수가 마르고 땅이 망가지는 거야말로 가장 큰 경제적 피해가 아니고 뭐겠어요?"

진아가 환경뿐만 아니라 경제 측면에서도 골프장이 나쁘다는, 약간은 새로운 주장을 펼쳤다. 하지만 곧 정수가 되받았다.

"에이, 모든 골프장이 다 그런 건 아닐 거예요. 또 설사 자연이 좀 파괴되더라도 골프장 덕분에 인근 지역에 돈이 풀리고 일자리가 생기는 것과 같은 긍정적인 효과가 더 중요한 게 아닐까요?"

"그것도 꼭 그런 것만이 아닙니다. 골프장 안에 모든 시설을 다 갖출 수 있기 때문에 주변 식당들은 오히려 문을 닫는 경우도 많대요. 골프장에서 생기는 일자리 또한 불안정하고 임금이 낮은 경우가 대부분이고요. 결국 당장 눈앞의 이익보다 먼 훗날의 비용과 피해가 훨씬 더 많이 발생하는 게 골프장입니다."

진아가 다시 반박했는데, 이에 맞서 혜은도 질 수 없다는 듯 새로운 의견을 내놓았다.

골프장과 환경 문제

골프장이 환경에 미치는 영향은 아주 다양하고 심각하다. 특히 우리나라의 자연 및 지형 조건에서는 특히 그렇다. 우선, 산지가 많은 우리나라에서 골프장을 만들려면 산이나 숲을 대규모로 파괴해야 한다. 또 골프장의 잔디는 50센티미터가 넘는 모래나 인공 흙에 심어 유독한 농약과 비료를 대량으로 뿌려야만 유지할 수 있다. 그 탓에 보통 수십만 평에 달하는 골프장에서 살아가는 수많은 식물과 지렁이 같은 땅속 동물과 미생물은 생존이 불가능하게 된다. 농약과 비료는 빗물에 씻겨 내려가 골프장 주변의 하천과 지하수를 오염시키며, 산림 파괴와 토양 오염의 큰 원인이 된다. 또한 골프장의 흙은 모래와 인공 흙인 탓에 빗물을 저장할 수 없다. 그래서 잔디를 유지하려면 엄청난 양의 물을 자주 뿌려야 하는데, 이때 사용되는 물의 대부분은 지하수이다. 그 결과 골프장 인근 지역의 농업용수와 식수가 고갈되는 경우가 흔하다.

"요즘 외국으로 골프 치러 나가는 사람들이 많다고 하잖아요? 이른바 '해외 골프 관광'이죠. 국내에서 골프를 치자니 비용이 너무 많이 들어서 그런 건데, 이 때문에 아까운 돈이 외국으로 빠져나가고 있습니다. 이런 상황에서 골프장을 더 늘려서 골프 치는 비용을 낮추면 우리 돈이 해외로 흘러 나가는 안타까운 일을 막을 수 있지 않겠어요? 그러면 나라 전체의 경제에도 큰 도움이 될 거고요. 환경만 강조한다고 잘 먹고 잘살 수 있는 건 아니잖아요? 경제를 살리는 게 중요하죠."

"골프는 애당초 대중 스포츠가 되기 어렵습니다. 골프장을 지으려면 돈이 엄청나게 많이 든다고 합니다. 좀 전의 얘기처럼 지형, 기후, 토양과 같은 여러 측면에서 우리나라에는 어울리지 않기 때문이죠. 그렇게 들어간 막대한 투자비를 회수하고 이익을 남기기 위해서는 골프 비용이 높아질 수밖에 없습니다. 일반 사람들이 골프를 즐기긴 어려운 거죠. 그래서 골프장보다는 축구장, 야구장, 배드민턴장 같은 대중 체육 시설을 많이 만드는 게 훨씬 낫지 않겠습니까? 많은 사람이 다양한 스포츠를 맘껏 즐길 수 있으니까요."

"골프가 우리나라의 국위를 드높이는 효과도 생각해야 합니다. 박인비 같은 선수를 보세요. 골프를 통해 온 세계에 대한민국을 널리 알리고 우리 모두의 자랑거리가 되지 않았습니까?"

골프와 골프장을 둘러싼 논쟁이 끝없이 이어졌다. 이 얘기를 들으면 이게 맞는 것 같고, 저 얘기를 들으면 저게 옳은 것 같다. 중간 정리를 하려는 듯 이윽고 선생님이 나섰다.

"음, 두 팀 다 준비를 열심히 했네요. 골프장에 대해선 이 정도면 충분히 토론한 것 같아요. 어느 쪽 주장이 더 타당한지에 대해서는 각자 곰곰이 생각해 봐요. 자, 그럼 골프장에 대한 얘기를 바탕으로 해서 개발과 보전, 경제와 환경의 관계를 어떻게 볼 것인가 하는 문제를 좀 더 깊이 토론하기로 하죠. 누가 먼저 하는 게 좋을까?"

경제가 발전해야 환경 보전도 가능하다?

"네, 제가 먼저 얘기하겠습니다."
개발 팀의 민철이 선뜻 발언을 자청했다.
"음, 제 생각은 이렇습니다. 요즘 어른들 얘기를 들으면 먹고살기가 참 힘들다고들 하잖아요? 우리 집만 봐도 그렇습니다. 툭 하면 우리 엄마는 너희들 학원비 대느라 힘들다, 물가가 너무 올라서 장 보러 가는 게 겁난다, 뭐 이런 얘기를 하시거든요. 이런 상황에서 자꾸 환경이 중요하다고 얘기하는 건 좀 사치가 아닐까요? 한마디로 '환경이 밥 먹여 주냐?'라는 거예요. 경제를 살리는 게 우선이고 그러고 나서 환경 문제를 챙기는 게 올바른 순서입니다."
"경제가 중요하다는 거야 두말할 필요도 없어요. 하지만 경제가 어려운 것이 환경 때문일까요? 우리가 아직 어리지만 요즘 '세상이 지나치게 양극화되었다.', '불평등이 너무 심하다.'와 같은 말들을 많이 한다는 것쯤은 자주 들어서 알고 있잖아요? 이 얘기는 결국 사람들이 살기 힘든 건 이 세상에 물질이나 돈, 그러니까 부(富) 자체가 모자라서가 아니라는 거예요. 제가 알기론 식량 문제도 그렇습니다. 지금의 세계 식량 생산량은 모든 사람을 먹여 살리고도 남는다고 합니다. 하지만 그 분배가 잘못되어 있기 때문에 굶주리는 사람이 생긴다는 거예요. 그렇기 때문에 사람들이 잘살기 위해서는 잘못된 사회 경제 구조를 고치는 게 가장 중요합니다. 환경 때문에 경제가 잘못되고 있는 게 아니라는 거예요."

"설사 그렇다 하더라도 경제가 성장하고 발전해야 환경 보전도 가능하다는 건 분명합니다. 환경을 깨끗하게 잘 보전하고 있는 나라들은 대부분 잘사는 선진국들이잖아요? 반대로 오늘날 환경 파괴가 심한 나라들은 대부분 못사는 후진국들입니다. 경제적으로 풍요로워져서 먹고살 걱정이 없어져야 환경에 대한 관심이나 애정도 생기는 법이죠. 그래서 환경 보전을 잘하려면 우선적으로 경제를 발전하여서 가난을 없애야 합니다."

"가난한 사람들, 가난한 나라들이 잘살아야 한다는 건 누구도 부인할 수 없을 겁니다. 하지만 지금 얘기대로라면 환경을 가장 크게 망치는 주범이 가난이라는 겁니까?"

민철과 현준이 주거니 받거니 하면서 논쟁을 계속하고 있는 탓에 다른 사람이 끼어들기가 쉽지 않았다. 그런데 이 대목에서 혜은이가 나섰다.

"거기에 대해서는 제가 말씀드릴게요. 가난이 환경 파괴의 주범이 아니라 가난을 벗어나야 환경도 보호할 수 있다는 겁니다."

"그게 그 말 아닙니까? 결국 가난이 환경 보호에 방해가 된다는 거 아니에요?"

대뜸 쏘아붙이듯이 되받은 건 진아였다.

"자, 예를 들어 설명할 테니 잘 들어 보세요. 아프리카처럼 못사는 곳에서 산림 파괴가 극심한 이유가 뭘까요? 사람들이 난방이나 요리를 위해 나무를 함부로 베어서 장작으로 사용하기 때문입니다. 그들이 석유를 살 돈이 있으면 이런 일이 일어나지 않을 거예요."

"아프리카의 산림 파괴가 꼭 그것 때문에만 일어나는 건 아니잖아요?"

"물론이에요. 하지만 중요한 원인 중 하나인 건 분명해요. 사실 이런 사례들은 매우 많습니다. 가난한 나라의 강들이 분뇨나 산업 폐수 같은 것으로 오염되는 이유도 마찬가지예요. 돈이 없는 탓에 정화 시설을 갖추지 못해서 그런 거죠. 결국 가난은 먹을 것과 연료 같은 것을 얻기 위해 자연을 약탈하고 파괴할 수밖에 없도록 만든다는 겁니다. 한편으로, 환경 보호를 위해 필요한 시설을 갖추는 데에도 많은 돈이 들어가잖아요? 바로 그래서 경제가 우선적으로 중요하다는 겁니다."

혜은의 주장은 분명하고 야무졌다. 듣고 있던 진아의 표정이 조금 굳어졌다. 하지만 이내 진아도 생각을 가다듬은 듯 두어 번 헛기침을 한 후 발언을 시작했다.

"음, 이 주제는 좀 더 큰 틀에서 생각해 봐야 합니다."

"큰 틀? 그게 뭐죠?"

정수가 궁금한 듯 갑작스레 끼어들었다.

"네, 좀 거창하게 들리겠지만 지금의 세상을 지배하는 현대 문명 자체를 되돌아보아야 합니다. 급속한 산업화와 경제 성장 속에서 수많은 상품을 대량으로 생산하고 대량으로 소비하고 대량으로 버리는 게 지금 우리 사회의 모습이잖아요? 그 결과 흥청망청 낭비를 일삼는 게 일상이 되었고, 대부분의 사람들이 돈을 많이 버는 것만을 최고로 여기는 '경제 동물'이 되어 버렸습니다."

"경제 동물이라니, 그건 좀 심한 말 아니에요?"

정수가 또 불쑥 끼어들어 한마디 던졌다. 선생님이 얘기를 끊지 말고 계속 들으라는 뜻으로 정수를 향해 '쉿!' 하면서 손가락을 입술에 갖다 댔다. 진아의 발언이 다시 이어졌다.

"저는 별로 심한 말이 아니라고 생각해요. 그게 사실이니까요. 아무튼 세상이 그렇게 되면서 자연을 그저 인간의 욕심과 필요에 따라 마음대로 파괴하고 정복하고 약탈해도 되는 것으로 여기게 되었습니다. 한데 그 결과 이 지구가 어떻게 되었습니까? 지구 온난화와 기후 변화 같은 걸 한번 보세요. 우리 인류의 생존 자체가 위험해지고 있잖아요? 그래서 이젠 그간의 성장 방식을 바꿔야 합니다. 자연을 마구잡이로 망가뜨리는 개발 중심의 경제, 무조건 많이 소유하고 많이 소비하는 것을 최고로 여기는 성장 위주의 경제는 이제 더 이상 통하지 않는다는 겁니다."

"말이 나왔으니 하는 얘기인데, 환경 위기를 너무 과장하면 안 됩니다."

듣고 있던 민철이 약간 다른 쟁점을 제기하고 나섰다.

"그건 오늘의 토론 주제와는 동떨어진 얘기 아니에요?"

민철의 쟁점 제기를 막아선 건 유림이었다. 하지만 민철은 물러서지 않았다.

"동떨어진 게 아니에요. 생각해 보세요. 환경 위기를 너무 강조하면 경제가 그 주범으로 몰리게 되고 그리되면 경제의 중요성을 가볍게 여기게 되잖아요? 그러니까 오늘 토론회의 주제와도 어울리는 얘기죠. 안 그래요?"

듣고 보니 그럴듯한 주장이었다. 선생님도 그렇게 느낀 모양이었다. 고개를 끄덕끄덕했다.

"그래요, 민철이 말이 맞는 것 같네. 얘기를 계속해 봐요."

선생님이 민철에게 힘을 실어 주었다. 그러자 민철이 유림을 향해 '거봐.' 하는 표정으로 어깨를 으쓱거렸다.

환경을 배려하는 경제가 살길이다?

그렇게 의기양양해진 민철은 좀 전에 진아가 그랬듯이 좀 거창한 얘기를 꺼냈다.

"환경 위기를 과장하면서 마치 인류가 곧 멸망할 것처럼, 지구의 종말이 들이닥칠 것처럼 얘기하는 건 잘못이라고 생각합니다. 음, 저도 좀 거창하게 큰 틀에서 인류의 역사에 대해 얘기해 보겠습니다. 인류는 환경 위기로 망해 가는 게 아니라 갈수록 발전하고 진보하고 있습니다. 역사를 보면 그렇지 않습니까? 옛날에 비해 굶주리는 사람이 훨씬 줄었고, 수많은 질병을 고칠 수 있게 되었고, 수명도 엄청나게 길어졌잖아요? 또 경제 수준이 높아져서 우리 생활이 얼마나 풍요롭고 편리해졌습니까? 이런 현대 문명의 눈부신 성과에는 눈을 감고서 환경 위기만 자꾸 강조하는 건 너무 부정적이고 비관적인 생각입니다."

"부정적이고 비관적인 게 아니라 현실을 정확하게 보는 거죠."

"그러니까 제 얘기는 좋은 것도 많은데 나쁜 것만 몽땅 모아서 인류가 망해 가고 지구가 끝장날 것처럼 얘기하는 건 잘못됐다는 거예요."

"좀 전에 진아가 한 얘기의 핵심은 그게 아닙니다. 우리 팀의 의견을 그렇게 왜곡하면 곤란해요."

"그럼 주장하려고 하는 게 구체적으로 뭐예요?"

민철과 유림이 티격태격하면서 공방을 주고받았다. 이쯤에서 선생님이 개입해 논의를 중간 정리할 법도 한데 선생님은 그냥 가만히 있었다. 토론의 흐름을 좀 더 지켜보는 것도 괜찮겠다고 여기는 모양이었다. 결국 현준이 끼어들었다.

"진아와 우리 팀 주장의 핵심은 이런 거예요. 환경 위기가 갈수록 깊어 가는 상황을 맞아 경제에서도 반성할 건 반성하고 고칠 건 고쳐서 새로운 대안을 찾아보자는 겁니다. 한마디로 이제는 환경을 중시하고 자연과 조화를 이루는 새로운 경제가 필요하다는 거죠. 인간과 자연을 동시에 살리고 행복하게 해 주

는 그런 경제 말이에요."

"물론 그런 경제도 좋아요. 하지만 지금은 자연 보전보다는 개발을 우선해야 합니다."

현준의 주장에 다시 반론을 제기한 건 개발 팀의 정수였다.

"예를 들어 들판을 말 떼로 가는 경우와 트랙터로 가는 경우를 비교해 볼 수 있을 것 같습니다. 말을 사용하면 석유도 필요 없고 환경 오염도 없겠죠. 하지만 많은 토지를 경작하지는 못할 것이고 수확량도 적지 않겠어요? 저는 석유를 좀 쓰고 환경 오염이 조금 있더라도 식량을 많이 생산하는 게 더 중요하다고 생각합니다."

"그런 게 적절한 한도 안에서 조심스럽게 이루어진다면 크게 걱정할 일이 아닐 수도 있어요. 하지만 지금 현실은 그렇지 않습니다. 지난번 토론에서도 다루었듯이 석유를 비롯해 모든 자원은 한정돼 있잖아요? 이러한 지구의 한계를 고려하지 않은 채 끝없이 커지고 팽창하기만 하는 성장이나 개발은 근본적인 문제가 있어요. 크고 빠른 성장만을 중시하는 이런 경제는 바람직하지도 않지만 결국은 가능하지도 않습니다. 자료를 보니까 아예 성장 자체를 멈춰야 한다는 사람들도 제법 있는 모양이더라고요. 아무튼 지구와 자연이 더 망가지고 자원이 바닥나기 전에 다른 방식으로 전환하는 게 중요합니다. 이게 우리의 살길이에요."

"아니, 왜 자꾸 그렇게만 생각해요? 좀 전에 민철이가 역사의 진보에 대해 얘기한 것처럼 우리 인류는 앞으로도 자원이나 지구의 한계를 충분히 극복해 나갈 수 있습니다. 옛날엔 자연의 노예로 살 수밖에 없었지만 자연의 제약 조건을 극복하고 이겨 내면서 번창해 온 것이 지금의 문명이잖아요? 그리고 인간이 지닌 창조적인 능력과 지혜야말로 그런 문명을 이룩한 원동력이고요. 그런 능력과 지혜로 경제 성장을 계속하면서도 환경 위기나 자원 고갈 같은 문제들도 충분히 해결할 수 있을 거예요."

"그런 주장은 지금의 환경 위기를 별것 아닌 것처럼 가볍게 여기니까 할 수 있는 거예요. 상황은 그렇게 간단하지 않습니다. 그리고 예를 하나 들어 볼까요? 저울에서 추가 어느 한쪽으로 많이 기울어져 있을 때 균형을 맞추려면 반대쪽에 무게를 실어 줘야 하잖아요? 경제와 환경도 마찬가지입니다. 그동안 지나치게 경제 성장에 몰두하느라 환경을 제대로 돌보지 못했으니 이 두 가지가 균형과 조화를 이루려면 이제는 환경 쪽으로 무게 중심을 옮겨야 하지 않겠습니까?"

여전히 두 팀의 입장이 팽팽히 맞섰다. 평행선을 달리는 두 입장 사이의 간격이 좁혀질 기미는 좀체 보이지 않았다. 그렇게 네 번째 토론회는 두 팀의 관점과 논리의 차이를 확인하는 선에서 끝나 가고 있었다. 그런데 그러던 차에 유림이 손을 번쩍 들었다. "할 얘기가 있는데요."라며 발언을 신청한 것이다. 모두의 시선이 유림 쪽으로 향했다. 뭔가 새로운 얘기가 나오지 않을까 하는 기대와 호기심이 섞인 눈길들이었다.

"저기, 제가 우리나라의 개발 실태에 대해 좀 조사한 게 있는데 얘기할 기회가 없었거든요."

유림으로서는 나름 애써 준비한 게 있었는데 얘기를 못 했으니 아쉬운 모양이었다. '뭐야, 그냥 끝내지.' 하며 구시렁거리는 친구들도 몇몇 있었지만, 선생님은 조용히 하라고 주의를 주면서 분위기를 다잡았다.

환경과 경제의 어깨동무는 어떻게 가능한가?

유림이 얘기를 시작했다.

"네, 제가 개발 문제를 다룬 자료들을 훑어보니까 '건설 공화국', '토건 국가' 같은 말들이 몇 번씩이나 나오더라고요. 이게 무슨 말인가 싶어 들여다봤는데, 이게 다 개발 중심의 토목 건설 분야가 지나치게 비대한 우리나라 현실을 꼬집는 말들이었어요. 예를 들면 어떤 지방에 큰 공항을 건설했는데 손님이 없어 문을 닫아야 한다든지, 전국 곳곳의 도로 중에 자동차가 별로 다니지 않는 곳이 많다든지 한다는 겁니다. 한마디로 중요하고 필요한

토건 국가란?

건설 공사를 비롯한 토건업 쪽에 나라 전체의 경제 활동과 자원, 국민 세금 등이 지나치게 집중돼 있는 개발 지향 국가를 뜻하는 말이다. 대규모 개발과 건설 사업을 끊임없이 벌이면서 자연환경을 파괴하고 국민 세금을 낭비하며 부패를 조장하는 것 등이 주요 특징이다. 실제로 현재 우리나라의 토건업이 국내 총생산에서 차지하는 비중은 20퍼센트를 넘는다. 이에 비해 주요 선진국들이 모여 있는 '경제 협력 개발 기구(OECD)'의 평균 토건업 비중은 6퍼센트 정도이다.

데 써야 할 돈과 자원을 엉뚱한 데다 낭비하는 거예요. 이런 걸 보면 결국 과도한 개발은 환경을 파괴할 뿐만 아니라 경제 자체도 병들게 만드는 어리석은 짓이라고 할 수 있습니다. 그래서 제 결론은 올바른 경제, 건강한 경제를 만들기 위해서라도 개발과 성장 위주의 경제는 개선해야 한다는 겁니다."

"그러니까 유림이 얘기는 환경을 중시하는 쪽도 경제 자체를 소홀히 하는 건 아니라는 거군요. 오히려 정말 제대로 된 좋은 경제를 해야 한다는 말이네요. 음, 이런 주장에 대해 혹시 개발 팀에서도 할 얘기가 있는 사람은 하도록 해요."

선생님이 유림의 얘기를 요약한 후 다른 발언을 유도하기 위해 개발 팀

쪽을 바라보았다. 그러자 혜은이 좀 머뭇거리다가 떠밀리듯 입을 열었다.

"네. 뭐, 우리도 환경 보전에 무관심하자는 건 전혀 아니에요. 하지만 방법론이나 우선순위 같은 것에서 생각의 차이가 좀 있는 건 사실인 것 같아요. 개발도 유림이 얘기처럼 쓸모없는 데 돈을 퍼붓는 식이라면 안 좋지만 꼭 해야 할 개발도 많다고 생각합니다. 결국 어떤 개발, 어떤 경제 성장이냐가 중요하겠죠."

두 사람의 발언을 다 들은 후 선생님은 "지금 두 사람의 얘기를 오늘 토론회의 결론으로 삼으면 되겠네요."라고 정리하면서, 혹시 더 얘기할 사람이 있냐고 물었다. 더 이상 발언할 사람이 없으면 토론회를 마무리하려는 것이다. 그런데 그때 현준이 슬그머니 손을 들어 올렸다. 선생님은 끄덕끄덕하는 고갯짓으로 어서 얘기하라는 뜻을 전했다.

"네, 토론하면서 제 생각이 백팔십도 바뀐 건 아닌 것 같은데 좀 헷갈립니다. 보전 팀 입장에서 쭉 얘기를 했지만, 곰곰 생각해 보면 그래도 경제를 계속 발전하는 것이 제일 중요하지 않을까 하는 생각이 드는 게 사실입니다. 예를 들어, 돈이 없어서 하루하루 어떻게 살아갈지 생존을 걱정하는 입장이라면 솔직히 환경 보전 같은 얘기는 귀에 잘 들어올 것 같지 않거든요. 경제를 떠받드는 지배적인 고정관념에 길들여져서 그럴 수도 있겠지만, 어쨌든 일단은 물질적으로 어느 정도 안정되고 풍요로워지는 게 중요하지 않을까 싶습니다. 그렇다고 환경을 경시하자는 건 아니지만 말이에요."

토론회가 막바지에 이르러서인지 현준의 난데없는 말에 뭐라고 토를 다는 사람은 없었다. 같은 보전 팀의 진아와 유림이 서로 번갈아 보며 황당하

지속 가능한 발전이란?

경제 발전을 추진하더라도 환경의 지속 가능성을 중요하게 고려해야 한다는 취지에서 만든 말이다. 지금 세대의 필요에 따라 성장과 발전을 하더라도 미래의 후손들이 누려야 할 몫까지 손상하면 안 된다는 것이다. 1987년 유엔(UN) 산하의 '환경과 개발에 관한 세계 위원회'가 펴낸 <우리 공동의 미래>라는 유명한 보고서에서 처음 사용됐다. 그러다 지난 1992년 지구 환경 보전을 위해 브라질의 리우데자네이루라는 도시에서 열린, 역사상 가장 큰 국제회의였던 '리우 회의'를 거치면서 널리 퍼졌다. 경제 성장과 환경 보전이 서로 보완 관계에 있다는 인식을 바탕에 깔고 있는데, 실제 현실에서는 자연환경보다는 경제 발전의 지속 가능성을 더 강조하는 쪽으로 사용하는 경우가 많다.

다는 표정을 짓긴 했지만, 굳이 발언에 나서진 않았다. 하긴 원자력 발전을 다룬 첫 토론회에서도 정수가 생각을 바꾼 적이 있으니, 새삼스럽게 놀랄 일도 아니었다.

결국 잠깐 분위기를 살피던 선생님이 마무리 발언도 할 겸 입을 열었다.

"그래요, 다들 수고했어요. 양쪽의 합의점이나 절충점을 찾기가 무척 어렵죠? 이렇게 서로의 견해 차이를 정확하게 확인하는 것도 토론의 성과 가운데 하나라고 할 수 있어요. 아무튼 오늘의 주제와 관련해서 마지막으로 한 가지만 알려 줄게요. 혹시 '지속 가능한 발전'이란 말을 들어 본 사람이

녹색 산업과 친환경 기술

에너지와 자원의 효율을 높이고 환경을 개선할 수 있는 여러 산업과 기술을 말한다. 하이브리드 자동차나 전기 자동차처럼 탄소 배출을 줄이는 것, 에너지 절약이나 재생 에너지와 관련한 것, 자원 재활용과 관련한 것 등을 비롯해 다양한 분야가 있다. 본래 취지는 경제 성장과 환경 보전을 동시에 이루자는 것이지만, 실제로는 경제 성장의 새로운 동력과 영역을 개척하는 쪽으로 활용하는 경향이 강하다.

있나요? 음, 이건 경제와 환경을 통합적으로 고려하려는 고민 끝에 나온 개념인데, 환경에 대해 논의할 때 자주 쓰는 말이죠. 이것이 구체적으로 무엇을 의미하는지는 각자 자료를 찾아서 알아보도록 해요. 그리고 사실 요즘은 환경과 경제를 동시에 살리는 방법이나 영역들이 많이 나오고 있어요. '녹색 산업', '친환경 기술' 같은 것들이 그런 거죠. 여기에 대해서도 관심이 있는 사람은 한번 조사해 봐요. 좋은 공부가 될 거예요. 자, 그럼 이것으로 오늘 토론회는 마치죠."

그날 저녁, 진아는 식사를 하면서 엄마, 아빠에게 오늘 토론회 얘기를 꺼냈다. 그러고선 엄마, 아빠에게도 슬쩍 오늘 주제에 대한 의견을 여쭈어 보았다. 예상대로 엄마는 환경 중시 쪽, 아빠는 경제 중시 쪽이었다.

'음, 엄마, 아빠도 생각이 갈리는군. 참 어려운 문제구나. 그런데 난 어느 쪽일까? 토론이야 환경 중시 쪽 입장에서 했지만 말이야. 결국 '환경을 배려하는 경제', '경제를 고려하는 환경'이 모범 답안이겠지만, 이게 말은 그럴싸한데 두루뭉술한 잡탕 같기도 하고 또 현실에 어떻게 적용하면 되는 건지······.'

잠자리에 들어서도 진아의 생각은 계속 이어졌다. 그러다 진아는 어느새 스르르 잠이 들었다.

함께 정리해 보기
개발과 보전을 둘러싼 쟁점

개발이 중요하다	논쟁이 되는 문제	보전이 중요하다
경제적인 풍요가 중요하므로 개발과 성장이 우선이다.	경제 개발과 환경 보전 중 우선순위는 무엇일까?	파괴적인 개발과 성장을 반성하고 보전을 중시해야 한다.
경제 발전을 통해 빈곤을 없애야 환경 보전도 가능하다.	빈곤을 경제 개발로 해결할 수 있을까?	빈곤은 불평등하고 양극화된 잘못된 사회 경제 체제 탓이다.
개발과 경제 성장은 인류에게 풍요와 안락, 진보와 편리를 제공해 준다.	경제 개발은 자연을 파괴하고 있을까?	잘못된 개발과 성장으로 자연이 파괴됨은 물론 경제 자체도 망가지고 있다.
환경에 피해가 좀 가더라도 물질의 풍요를 위해 개발과 경제 성장을 더욱 강력하게 추진해야 한다.	경제 개발과 환경 보전의 균형을 맞추려면 어떻게 해야 할까?	환경을 배려하는 경제, 자연과 인간을 동시에 살리는 새로운 경제를 모색해야 한다.

5장

사람이
지구의
주인이다?

'인간은 만물의 영장이다.'라는 말을 알고 있지? 이 말엔 세상의 주인인 인간이 자연을 지배하고 정복하는 게 마땅하다는 뜻이 담겨 있어. 하지만 이런 지나친 인간 중심주의가 자연을 파괴하고 동식물과 같은 살아 있는 생명체를 학대하는 결과를 빚고 있다는 지적도 높아. 그래서 이 장에서는 동물을 어떻게 보고 어떻게 대해야 하는지, 자연과 인간의 관계는 어떠해야 하는지를 다루고 있어. 자연이란 게 인간의 필요와 욕구를 위해 존재하는 건지, 아니면 인간과 자연이 평화롭게 공존해야 하는지를 한번 생각해 보자는 거지. 사람이 지구의 주인이자 지배자라는 주장과 사람은 자연의 일부라는 주장을 잘 비교해 봐.

사람이 지구의 주인이다

지구 상에서 이성과 언어, 그리고 수준 높은 지능과 문화를 가진 유일한 존재가 바로 사람이잖아? 주어진 환경에 그저 수동적으로 적응만 하는 게 아니라, 자연을 자신의 뜻에 따라 능동적으로 바꿀 수 있는 건 인간밖에 없어. 인간과 동물이 어떻게 똑같을 수 있어? 인간이 자신의 필요나 욕구를 위해 자연과 다른 동식물을 지배하고 정복하고 이용하는 건 당연한 일이야. 바로 이런 활동을 통해 우리 인간은 위대한 문명과 역사를 창조해 왔지. 먹고 먹히는 건 자연의 법칙이야. 그 과정에서 다른 생명체보다 우월한 인간이 지구와 세상의 주인이 되는 건 당연해.

사람은 자연의 일부다

동물은 함부로 죽이거나 괴롭혀도 되는 물건이 아니야. 사람과 다르지 않은 살아 있는 생명체라고 할 수 있지. 사람만이 이 지구를 다스리는 주인이자 지배자라는 생각은 잘못된 생각이야. 오히려 사람은 자연의 일부이자 지구의 다양한 구성원 중의 하나라고 할 수 있지. 자연과 모든 생명체는 서로 연결되어 있거든. 오늘날의 환경 위기야말로 인간이 자연을 지배와 정복의 대상으로만 여긴 결과야. 인간이 자기 욕심을 채우기 위해 자연을 너무 많이 망가뜨리고 파헤쳤다는 거지. 그 결과 인간 스스로의 생존마저도 위태로워지고 있잖아? 이젠 인간과 자연이 평화롭게 공존할 수 있어야 해.

사람이 지구의 주인이다?

개를 키우며 느낀 것들

도시의 아파트에 사는 진아네 가족은 얼마 전부터 조그만 개 한 마리를 기르고 있다. 오랫동안 아빠의 반대가 심했지만, 개를 유난히 좋아하는 엄마의 끈질긴 설득에 아빠도 결국은 고집을 꺾었다. 이름은 '명랑'이다. 식구들이 둘러앉아 의논한 끝에 밝고 건강하고 명랑하게 살라는 뜻으로 지은 이름이다.

개와 같이 지내본 경험이 없는 진아는 처음에는 사실 개를 기른다는 것에 별다른 느낌이 없었다. 명랑이가 귀엽고 예뻐서 좋았을 뿐 그냥 그런가 보다 했다. 아니, 단지 좋기만 했던 것도 아니다. 집에서 명랑이의 똥오줌 냄

새가 풍기고 털이 빠져 여기저기 굴러다니는 것을 보면 사실 좀 버겁기도 했다.

하지만 몇 달 동안 같이 부대끼며 지내다 보니 생각이 많이 달라졌다. 집에 들어오면 명랑이는 어김없이 반갑다고 꼬리 치며 잽싸게 달려와 품에 안겼다. 툭 하면 같이 놀아 달라고 졸졸 따라다니며 갖가지 재롱을 피우기도 했다. 그러다가도 잠시 모른 체하면 풀이 죽어 시무룩한 표정으로 방구석에 쭈그려 앉아 있기도 했다. 운동도 시킬 겸 뒷산에 데리고 나가면 신이 나서 사방팔방 뛰어다녔다.

명랑이의 그런 모습들을 보면서 진아는 개가 말만 못 할 뿐이지 사람과 크게 다르지 않다는 것을 자연스럽게 느끼게 되었다. 기쁨과 슬픔, 반가움과 외로움, 편안함과 두려움 같은 다양한 감정들을 개도 사람과 똑같이 느낀다는 것을 새삼스럽게 알게 된 것이다.

요 며칠 사이 진아는 학교나 학원에서도 명랑이를 가끔 떠올렸다. 환경 토론 모임의 이번 주제가 '사람은 지구의 주인인가?'로 정해졌기 때문이다. 이것을 큰 주제로 하여 동물을 어떻게 볼 것인가, 자연과 생명체들을 어떻게 대할 것인가, 사람과 자연의 관계는 무엇인가 등에 대해 토론하기로 한 것이다.

이 주제는 토론 모임에서 선생님이 제안했다. 이번이 환경 토론 모임의 마지막 토론회인 만큼 그간의 토론 내용을 종합 정리하는 차원에서 환경, 자연, 생명이 우리에게 어떤 의미가 있는지, 그리고 이것들과 사람의 관계는 어떠해야 하는지를 한번 살펴보자는 뜻이다.

역할 분담은, 민철과 혜은과 정수가 한 팀이 되어 '사람이 지구의 주인이다.'라는 입장을, 진아와 현준과 유림이 다른 한 팀이 되어 '사람은 자연의 일부다.'라는 입장을 각각 준비하기로 했다. 팀장은 민철과 진아가 맡기로 했다.

동물은 사람과 같은 존재다?

드디어 다섯 번째이자 마지막 토론회가 열리는 날.

진아는 오늘 아침 학교 가는 길에도 문득 명랑이를 떠올렸다. 안 그래도 좀 전에 명랑이는 현관 밖에까지 진아를 따라 나와 마치 헤어지는 게 아쉽다는 듯 낑낑거렸다. 사실 직장에 다니는 엄마를 포함해 식구 모두가 아침에 나가고 나면 명랑이로서는 무척 외롭기도 하고 심심하기도 할 터였다. 온종일 빈집에서 혼자 지내야 하기 때문이다.

그러면서 진아는 오늘 토론할 내용을 잠깐 떠올려 보았다.

'그래, 명랑이를 봐. 사람이 느끼는 감정을 비슷하게 다 느끼잖아? 그러니 동물도 사람만큼 소중한 거야. 자연도 마찬가지지. 인간이 만물의 영장이라지만 사람만이 이 세상의 주인이라고는 할 수 없어. 모든 생명체가 더불어 살아가는 게 자연이고 세상의 이치인 거지.'

수업이 모두 끝난 후 친구들이 옹기종기 모여 앉자 드디어 선생님이 토론회 시작을 알렸다.

인간이 만물의 영장이다?

'영장(靈長)'이란 말을 사전에서 찾아보면 '영묘한 능력을 가진 우두머리.'라고 나와 있다. 영묘하다는 것은 신령스럽고 기묘하다는 말이다. 그러므로 '인간은 만물의 영장이다.'라는 말은, 인간이란 다른 모든 존재를 다스리는 위대하고도 우월한 우두머리라는 뜻이다. 이런 사고방식은 서양의 기독교에서 비롯되었다는 견해가 많다. 성경에 따르면 신이 인간을 창조하면서 온 세상을 정복하고 모든 생명체를 지배하라고 했다는 것이다. 이런 인간 중심의 사고방식은 이후 서구 역사의 전개 과정에서 이성을 중시하는, 이른바 합리주의에 입각해 자연은 인간을 위해 존재하는 것이며, 따라서 자연을 인간의 욕망과 필요에 따라 마음대로 착취하고 개발하고 이용하고 개조해도 된다는 생각으로 이어졌다. 여기에는 다른 생명체에 비해 인간만이 언어, 이성, 지능, 도구 등을 가지고 있다는 생각이 큰 영향을 미쳤다. 그래서 이런 사고방식에는 인간과 자연이 조화롭게 공존해야 한다거나, 인간과 자연은 서로 긴밀하게 연결되어 있다거나, 사람은 자연의 일부라는 생각 등은 들어서기 어렵다.

"자, 오늘은 환경 토론 모임의 마지막 날이에요. 그런 만큼 이전보다 신경을 더 써서 토론을 잘해야겠죠? 오늘 주제는 '사람은 지구의 주인인가?'예요. 조금 추상적이고 어렵게 느껴지죠?"

선생님이 이렇게 슬쩍 물어보자 모두 한목소리로 "네!" 하고 답했다. 그러면서 토론 준비를 어떻게 해야 할지 무척 어려웠다고 투덜거리는 소리들

명랑이는 사람과 똑같아!

이 여기저기서 흘러나왔다.

아닌 게 아니라 사실이 그랬다. 지난 토론들에서는 대체로 구체적인 사실이나 쟁점을 다루었다. 그래서 그것에 관련된 자료들도 찾기 쉬웠고, 그 자료들을 잘 요약하고 정리하는 걸로 얼추 토론 준비를 대신할 수 있었다. 한데 이번은 성격이 좀 달랐다. 자료를 찾아서 정리하는 것도 물론 필요하지만 그보다는 주제에 대한 자신의 생각이나 논리를 잘 가다듬는 게 중요한 것이다. 다들 이런 쪽으로는 경험이나 연습이 부족한 탓에 어려움을 느낀 건 당연한 일이다.

그래서인지 선생님도 이렇게 말했다.

"음, 너무 어렵게 여기지 말고 편히 생각해요. 자기 생각과 의견을 조리 있게 정리해서 얘기하면 돼요. 마지막 토론회 때 이 주제를 다루는 이유는 이게 아주 중요한 문제라서 그래요. 환경 문제를 둘러싼 그 모든 논란의 밑바닥에는 자연과 사람을 어떻게 볼 것인가 하는 문제가 깔려 있거든요. 자, 토론을 쉽게 풀어 가기 위해 우선은 우리에게 친근한 동물에 대한 얘기부터 해 보죠. 누가 먼저 시작할까?"

"네, 제가 명랑이 얘기부터 좀 할게요."

어깨를 쓰윽 내밀며 웃음기 어린 표정으로 발언에 나선 건 진아였다. 한데 선생님과 친구들 표정엔 황당하다는 기색이 역력했다. 명랑이라니? 이게 무슨 사람 이름인가? 도대체 무슨 뚱딴지같은 소리일까? 다들 눈이 동그래졌다. 유림만이 무슨 얘기인지 안다는 듯 씨익 웃었다. 명랑이를 알고 있었기 때문이다. 얼마 전 진아네 집에 놀러 가서 명랑이와 한참이나 같이 논 적이 있는 것이다.

"헤헤헤, 명랑이는 우리 집에서 키우는 개 이름이에요."라고 장난스럽게 말한 진아는 명랑이와 지내면서 경험하고 느낀 점들을 상세하게 털어놓았다. 그러고선 이렇게 얘기를 마무리했다.

"그래서 제 결론은 동물도 무슨 물건이 아니라 사람과 똑같이 소중한 생명체로 대해야 한다는 겁니다. 동물을 학대하는 건 큰 잘못입니다. 환경 보호란 것도 결국 자연과 생명을 사랑하고 잘 보살피자는 거잖아요? 따라서 우리 주변의 동물을 아끼고 배려하는 마음을 갖는 데서 환경 문제를 해결할 수 있는 실마리를 얻을 수 있다고 생각합니다."

"옳소."

진아의 말이 끝나자마자 냉큼 현준이 짝짝짝 박수까지 쳐 가며 장난치듯이 호응했다. 그러자 선생님이 말 대신에 잠깐 눈짓으로 주의를 주었다. 너무 장난처럼 얘기하지 말라는 뜻이다.

조금 머쓱해진 현준은 흠흠 하며 헛기침하는 시늉을 낸 후 이내 진지해진 말투로 얘기를 시작했다.

"네, 사실 동물을 살아 있는 생명체가 아니라 마치 물건이나 상품처럼 대하는 때가 너무 많습니다. 현대의 축산업이 대표적인 경우입니다. 제가 자료를 보니까 오늘날의 축산 형태를 공장식 축산이라 부르더라고요. 동물을 마치 공장에서 마구 찍어 내는 물건처럼 다루기 때문이죠. 그래서 비좁은 축사에 엄청 많은 가축을 몰아넣어 죽을 때까지 가둬 놓고, 죽일 때에도 아주 잔인한 방법을 쓸 때가 많습니다. 아직 살아 있는 동물인데도 갈고리에 매달려 머리가 잘리고 가죽이 벗겨지고 온몸이 찢겨 나가는 것과 같은 비참한 일들이 자주 벌어진다고 합니다. 그뿐만 아니라…….”
 “그 유명한 광우병도 그래서 생긴 거 아닌가요? 소의 뇌에 구멍이 여기저기 뚫리고 다리로 몸을 지탱하지 못해 비척거리다가 결국은 죽게 되는 무서

운 병 말입니다. 사람이 광우병에 걸린 소의 고기나 부산물을 먹으면 인간 광우병에 걸리기도 한다잖아요?"

"어……. 그런가요? 음, 그런 얘기를 듣긴 했는데 광우병에 대해선 제가 잘 몰라서……."

진아가 불쑥 꺼낸 광우병 얘기에 현준이 머뭇거렸다. 그러면서 현준은 진아의 허리를 쿡 찌르며 "야, 같은 팀끼리 그런 곤란한 질문을 하면 어떡해?"라고 낮은 목소리로 투덜거렸다. 진아는 "아, 미안. 네가 광우병 공부도 한 줄 알았지."라고 속삭이듯 말하며 뒷머리를 긁적긁적했다. 그때 같은 팀의 유림이 나섰다.

"네, 진아 말이 맞아요. 광우병이 생기는 이유는 본래 초식 동물인 소에게 동물성 사료를 먹였기 때문이에요. 소의 본래 습성과 자연의 질서를 거스른 거죠. 심지어는 소의 뼈와 살, 그리고 고기를 발라내고 남은 찌꺼기를 사료로 만들어서 소에게 먹이는 경우도 있대요. 끔찍하게도 소에게 자신의 동족을 먹이는 거죠."

"그런데 그렇게 하는 이유가 뭔가요?"

이번엔 민철 팀의 정수가 질문을 던졌다.

"그거야 뻔하죠. 어떻게든 돈을 적게 들여서 최대한 소를 빨리 키우고 고기의 양을 늘리기 위해서죠. 그러니까 오로지 고기를 빨리, 대량으로, 값싸게 생산해서 돈만 많이 벌려는 인간의 탐욕이 동물의 본성과 자연의 이치를 거스른 결과가 바로 광우병이라고 할 수 있습니다."

"그렇죠. 제가 살펴본 자료에 따르면, 소나 돼지가 주로 걸리는 구제역,

구제역

가축 전염병의 하나로, 주로 발굽이 두 개인 소나 돼지가 잘 걸린다. 구제역에 전염된 동물은 입과 발굽 주변에 물집이 생긴 뒤 고통을 겪다가 결국은 죽게 된다. 전염성이 매우 강하기 때문에 한 마리가 이 병에 걸리면 나머지 가축 모두에게 빠르게 퍼진다. 그래서 병의 확산을 막기 위해 살아 있는 동물들도 죽이거나 무더기로 생매장해 버리는 일이 종종 벌어진다.

닭과 오리 등이 잘 걸리는 조류독감 같은 새로운 가축 전염병들이 자꾸 생기는 이유도 그것입니다. 동물들이 비참한 환경 속에서 살다 보니 병에 잘 걸릴 수밖에 없고, 좁은 공간에서 너무 많은 동물을 밀집 사육하니까 한 번 병이 발생하면 빠르게 퍼질 수밖에 없는 거죠. 한마디로 동물을 잔인하게 학대한 결과라고 할 수 있습니다. '동물의 역습'이자 '동물의 복수'인 거죠."

"그뿐만이 아닙니다. 구제역이나 조류독감이 발생했을 때 병이 퍼질 우려가 있다는 이유 하나만으로 수천, 수만 마리의 동물들을 산 채로 한꺼번에 구덩이에 파묻어 버리는 경우도 많습니다. 살아 있는 동물들이 거대한 포클레인의 삽날에 떠밀리고 몽둥이로 두들겨 맞고 서로 부딪히고 짓밟히면서

조류독감

주로 닭, 칠면조, 오리 같은 가금류와 야생 조류가 걸리는 가축 전염병이다. '조류 인플루엔자'라고도 한다. 감염은 주로 조류의 분비물을 접촉할 때 일어나며 물, 사람의 발, 사료 운반 차량, 기구나 장비 등을 통해서도 급속히 퍼진다. 호흡기에 문제가 생기거나 설사에 시달리거나 알을 적게 낳는 것과 같은 증상을 보이다 죽음에 이르게 된다. 사람이 감염되어 사망하는 경우도 가끔 있다. 구제역과 마찬가지로 이 병이 발생하면 동물을 떼로 생매장하는 이른바 '살처분'을 하게 된다.

구덩이에 밀어 넣어져 생매장당하는 거죠. 이 과정에서 동물들이 느낄 공포와 고통이 어떻겠습니까? 동물을 생명체로 대하지 않으니 이런 끔찍하고 야만적인 일이 일어나는 겁니다."

동물에 대해 관심과 애정이 많은 듯 번갈아 발언하는 유림과 진아의 목소리에 열기가 묻어났다. 자연스레 토론회 분위기가 일방적인 '동물 사랑'에 대한 얘기로 기울어 갔다. 슬슬 다른 얘기가 나올 법했다. 아니나 다를까, 잠자코 듣고 있던 민철이 드디어 말문을 열었다.

자연은 우리에게 무엇인가?

"물론 지나친 동물 학대는 잘못된 겁니다. 하지만 동물을 사람과 똑같은 생명체로 대해야 한다는 건 지나친 억지 주장입니다. 사람과 동물이 어떻게 같아요? 이성과 언어, 탁월한 지능과 문화를 가진 존재는 사람밖에 없습니다. 따라서 사람이 자신을 위해 동물을 비롯한 자연을 활용하는 건 당연한 일입니다."

"문제는 그게 너무 지나친 정도의 규모와 속도로 이루어져서 엄청난 문제를 낳고 있다는 거죠. 예를 들어 인간의 욕심으로 동식물을 너무 많이 죽이고 숲이나 바다 같은 곳을 마구 파괴하니까 수많은 생물이 멸종 위기에 처하는 거잖아요? 따지고 보면 석유 고갈 같은 에너지 위기나 지구 온난화도 마찬가지죠. 이게 다 사람이 자연을 존중할 줄 모르고 분별없이 자원을 캐내기만 하고 흥청망청 에너지를 낭비하니까 벌어지는 일들이잖아요?"

"그렇게만 볼 일이 아니죠. 생물의 개체 감소나 멸종 위기 문제만 해도 그래요. 우선은 수많은 동식물이 사라지고 있다고 단정하는 것 자체가 지나친 과장입니다. 객관적인 근거도 부족하고요. 특정 지역에서 어떤 동물이나 식물이 관찰되지 않는다고 해서 그 동물이나 식물이 아예 멸종했다고 성급하게 결론 내리는 건 잘못입니다. 그리고 더 중요한 건, 생물 종이 좀 줄어든다고 해서 지나치게 호들갑을 떨 필요는 없다는 점입니다. 그게 그렇게 야단법석을 피울 정도로 큰 문제일까요? 어떤 동물이나 식물이 좀 없어진다고 해서 사람이 살아가는 데 큰 문제는 없지 않습니까?"

생물의 개체 감소와 멸종 위기 문제

전 세계에는 아직 확인하지 않은 것을 포함해 모두 1,400만 종의 생물이 있다고 추정한다. 하지만 공식적으로 확인하고 분류한 것은 175만 종에 불과하다. 그런데 오늘날 20분마다 하나의 생물 종이 지구에서 사라지고 있다. 유엔 보고서에 따르면 1970년에서 2006년 사이에 야생 척추동물 수의 3분의 1이 줄었다고 한다. 식물 종은 4분의 1 가량이 멸종 위험에 놓여 있다. 원인은 서식지 파괴, 남획, 오염, 외래 생물 종 침입, 기후 변화 등이다.

생물 다양성이 중요한 일차적 이유는 사람도 자연 생태계 안에서 살아가기 때문이다. 생물 종이 줄어든다는 것은 생태계 자체가 위기에 빠졌다는 말이고, 이것은 인간도 위기에 처했다는 것을 뜻한다. 생물 다양성의 경제적 측면도 중요하다. 사실 우리가 먹는 약을 비롯해 인간 생활에 필수적인 대부분의 원료는 자연과 생물에게서 나온 것이다. 그래서 생물 종이 줄어든다는 것은 우리가 지금 활용하고 있고 또 앞으로도 활용해야 할 그 소중한 원료가 사라진다는 것을 뜻한다. 무엇보다 자연이란 본래 모든 것이 서로 연결되어 있는 것이다. 그래서 멸종은 단지 하나의 생물 종이 사라지는 데서 끝나는 것이 아니라 서로 연결되어 있는 자연 전체의 그물망에 '구멍'이 뚫렸다는 것을 뜻한다. 그래서 생물의 멸종은 자연 전체의 파괴와 죽음을 상징하기도 한다.

"그건 짧은 생각입니다. 동식물의 멸종은 그렇게 간단하게 여길 문제가 아니에요. 어떤 생물이 사라졌다는 건 그 생물이 살아가는 자연 생태계가 병들었다는 증거잖아요? 그게 산이든 숲이든 강이든 바다든 말이에요. 그런데 사람도 마찬가지로 어차피 자연 속에서 살아갈 수밖에 없는 생물이잖아요? 그러니 자연이 병들고 망가지면 우리에게도 큰 문제가 생길 수밖에 없죠. 지금 당장은 그게 눈에 잘 보이지 않더라도 말입니다. 이처럼 사람

이든 다른 동식물이든 모든 생명체는 생태계 안에서 서로 연결돼 있는 겁니다."

민철의 말에 유림이 반론을 제기하면서 둘 사이의 논쟁이 점점 뜨거워졌다. 그런 분위기를 타고 민철이 문득 새로운 질문을 던졌다.

"자, 하나만 물어볼게요. 사람에게 좋은 것과 동식물에게 좋은 것 사이에서 한쪽만 선택해야 한다면 어떻게 하는 게 좋겠습니까?"

"음, 글쎄요……. 어떻게든 둘 다에게 좋은 방법을 찾는 게……."

"제가 묻는 건 그게 아니잖아요? 둘 중 하나만 선택해야 할 때 어느 쪽이냐는 거죠."

"……."

민철의 날카로운 질문에 그만 유림의 말문이 막히고 말았다. 민철은 고삐를 늦추지 않았다.

"예컨대 숲을 한번 생각해 보죠. 만약 숲에 전혀 손을 대지 않기로 결정한다면 그 숲에 사는 많은 동식물에게는 좋을 겁니다. 하지만 그럴 경우 사람은 집을 짓거나 종이를 만드는 데 필요한 목재를 얻을 수 없게 됩니다. 또 숲을 개간해서 식량을 재배할 수 있는 기회를 잃어버리게 됩니다. 그런데 숲과 동식물, 즉 자연을 위한답시고 사람이 굶어 죽거나 집 없이 살 수는 없잖아요? 한마디로 모든 것은 인간 중심적이 될 수밖에 없다는 겁니다."

"맞아요. 오늘날과 같은 거대한 문명을 창조하고 세계를 지배하고 있는 게 바로 인간입니다. 자연을 존중한답시고 이런 위대한 사람을 동식물과 같은 수준으로 낮추어 보는 건 말이 안 되죠."

민철의 얘기에 맞장구치며 끼어든 건 정수였다. 그러자 이번엔 혜은까지 나섰다.

"그래요. 자연을 너무 신처럼 떠받드는 식의 주장은 잘못이라고 생각해요. 자연이란 게 무조건 아름답고 성스럽고 인간에게 좋은 혜택만 주는 건 아니잖아요? 자연은 무섭고 위험하고 변덕스럽고 재앙을 안겨 주는 것이기도 하죠. 홍수, 가뭄, 태풍, 화산 폭발 같은 것을 보세요. 인간은 이런 자연에 맞서 싸울 수밖에 없어요. 인간이 자연을 길들이고 정복해 온 게 지금까지의 역사이고 문명인 거죠. 그 과정에서 우리 인간이 얼마나 풍요로워지고 안락해지고 편리해졌습니까? 자연은 인간의 필요와 이익에 따라 다스리고 이용해야 할 존재입니다."

명랑이 얘기에서 시작된 동물 얘기가 어느새 자연과 사람의 관계에 대한 논의로 넘어가고 있었다. 토론 내용이 자연스레 넓어지고 깊어진 것이다.

"네, 좋아요. 동물과 자연을 바라보는 서로 다른 두 가지 시각이 잘 드러나고 있죠? 자, 흐름을 계속 이어 가죠. 이번엔 진아 팀에서 반격을 해야 할 것 같은데?"

지켜보고 있던 선생님이 잠깐 중간 정리를 하고 넘어갔다.

"네, 제 생각에는 사람은 세상의 주인이 아니라 자연의 일부입니다."

현준이 얘기를 시작했다.

"그러니까 자연은 사람이 제 욕심껏 마음대로 다뤄도 되는 게 아닙니다. 나와는 떨어져 있고, 나와는 관계없는 존재가 아니라는 겁니다. 나 자신이 바로 자연인 것이고, 사람은 자연의 구성원 중 하나라는 거죠. 그래서 저는 동식물뿐만 아니라 숲, 들, 산, 강, 바다 같은 것들도 우리 인간의 친구이자 동료라고 생각합니다."

"맞아요. 또한 자연은 우리가 살아가는 데 필요한 모든 것을 제공해 주는 가장 근원적인 생존의 토대이고 삶의 뿌리입니다. 그래서 방금 말했듯이 인간을 포함한 지구 상의 모든 생명체는 서로 연결돼 있습니다. 예를 들어 지구 반대편에 있는 아마존의 열대우림도 얼핏 보면 우리와 관계가 없어 보이

지만, 그게 아닙니다. 그 먼 곳에서 내뿜는 산소가 바람을 타고 지구를 돌아서 바로 우리 코로 들어오기도 합니다. 그러니 아마존의 파괴는 먼 나라의 일이 아니라 바로 나의 일이기도 한 거죠. 지구 자체가 하나의 드넓은 생명의 그물이라는 겁니다."

유림이 현준의 얘기를 거들고 나섰는데, 곧장 정수가 되받았다.

"음, 말 자체는 그럴듯하게 들립니다. 하지만 산이나 숲 같은 것들마저 그렇게 신성시하면 사람이 도대체 어떻게 살아갈 수 있겠습니까? 산이나 숲을 개발해서 집과 공장도 만들고 도시와 도로 같은 것들도 건설해야 우리가 발전하고 잘살게 되는 것 아니겠습니까?"

"무조건 자연은 건드려서는 안 된다고 주장하는 게 결코 아닙니다. 개발이 필요하면 해야 하고 자연도 이용할 건 이용해야죠. 하지만 지금과 같은 심각한 환경 위기 시대엔 그걸 자제할 줄 알아야 한다는 겁니다. 쓸데없는 개발을 가능한 한 줄이고 설사 개발을 하더라도 자연과 조화를 이루는 방식으로 해야 한다는 거죠. 자연을 인간을 위한 도구나 수단으로만 여기는 것은 어리석고 교만한 일입니다."

다시 공방이 시작되었다. 그러자 혜은이 나도 한마디 하겠다며 끼어들었다.

"개발도 개발이지만 좀 더 단순하게 생각할 필요가 있지 않을까요? 바로 먹고사는 문제 말입니다."

'먹고사는 문제라니?', '응? 저건 또 무슨 소리야?' 같은 말들이 여기저기서 웅성웅성 들렸다. 혜은의 발언이 이어졌다.

자연과 사람의 공존은 어떻게 가능한가?

"자, 한번 생각해 보세요. 모든 생명은 서로 먹고 먹히는 관계에 있습니다. 그러지 않고는 살 수가 없잖아요? 그런데 뭔가를 먹는다는 건 다른 생명체를 죽인다는 것과 같은 말이잖아요? 다른 생명체를 죽이지 않고는 살 수가 없다는 거죠. 이게 자연의 법칙입니다. 예를 들어 동물이 우리의 친구이고 그렇게 소중하다면, 우리 모두가 육식을 중단해야 합니까? 그게 말이 되나요? 저는 고기를 좋아하는 편인데 고기를 안 먹고 살 수는 없어요. 사실 여러분도 안 그래요?"

혜은의 말에 같은 팀인 정수는 물론 상대 팀의 현준도 "아, 그거야 당연한 얘기지.", "그래, 그건 사실이야."라면서 동조했다. 팀장인 진아가 현준에게 "야, 좀 가만히 있어."라면서 왜 쓸데없이 상대 팀 기를 살려 주느냐는 투로 핀잔을 주었다. 하지만 현준은 "뭐, 나도

고기를 좋아하고 잘 먹는 게 사실인데 어떡해?"라면서 투덜거렸다. 그런 모습을 옆에서 웃으며 지켜보던 민철이 혜은의 발언에 맞장구를 치며 식물 얘기까지 꺼냈다.

"맞습니다. 더 나아가면 식물도 마찬가지입니다. 동물이라는 생명을 사랑해서 육식에 반대하는 사람들은 채식도 반대해야 맞는 거 아닌가요? 식물도 생명체이기는 마찬가지니까요. 그런데 이렇게 하면 굶어 죽는 수밖에 없잖아요? 그러니까 이게 말이 안 된다는 겁니다. 사람이 다른 생명을 취하고 자연을 자신의 욕구나 필요에 맞게 이용하는 건 나쁜 게 아니라 당연한 일이라는 거죠."

그러자 투덜거리던 현준이 금세 표정을 진지하게 바꾸며 되받았다.

"에이, 식물과 동물은 다르죠."

"뭐가 달라요? 똑같은 생명이잖아요?"

"휴, 억지를 부리시네. 어떻게 동물과 식물이 같아요?"

"그럼, 어떻게 다른지 설명을 해야 할 거 아니에요?"

민철과 현준의 언쟁이 시작되었다. 그때 유림이 현준을 지원하기 위해 보충 설명에 나섰다.

"식물과 동물은 많이 다릅니다. 사람이 나무 열매를 따거나 나물을 캐거

나 곡식을 수확할 때, 동물을 죽일 때와 같은 불편하고 찜찜한 느낌은 들지 않잖아요? 동물이 느끼는 것과 같은 고통이나 공포를 식물은 느끼지 않기 때문이죠. 그리고 식물은 동물에게 먹힘으로써 오히려 번식이나 종의 생존에 도움이 되는 경우가 많습니다. 예를 들면 동물이 먹은 식물의 씨가 동물의 배설물로 나와서 그 식물이 다른 곳에 퍼지기도 하잖아요? 그래서 동물과 식물을 똑같은 것으로 보는 건 잘못입니다."

유림의 설명을 납득했는지 민철은 별다른 대꾸를 하지 않았다. 그 틈을 타서 진아가 얘기를 이어 갔다.

"서로 먹고 먹히는 게 자연의 이치라는 건 당연한 얘기죠. 하지만 동물의 경우 자신의 습성에 맞게 살게 해 주고 죽을 때에도 최대한 덜 고통스럽고 덜 비참하게 죽을 수 있도록 배려해 주는 게 필요합니다. 옛날 선사시대 사람들이나 아메리카 인디언들은 사냥을 해서 동물을 먹기 전, 일종의 제의 같은 것을 치렀다고 합니다. 우리의 식량이 되어 주어서 감사하다는 뜻과 함께, 죽여서 미안하다는 마음을 동물에게 전하고 그 동물의 넋을 위로하기 위해서였죠. 이런 마음가짐이 자연과 사람의 평화로운 공존을 가능하게 해 주지 않을까요? 결국 육식 자체가 나쁜 게 아니라 동물을 대하는 마음가짐이 중요하다는 거죠."

"나아가서 이런 점도 살펴봐야 합니다. 예를 들어 얘기하죠. 어촌 마을 사람들이 자신들의 생존과 생활을 위해 마을 앞바다에서 물고기를 잡는 거야 전혀 문제 될 게 없잖아요? 하지만 거대 기업 같은 곳에서 오로지 돈벌이에 대한 욕심으로 온갖 바다를 다 휘젓고 다니면서 물고기를 싹쓸이해 버리는 경우는 문제가 있죠. 현대의 공장식 축산업에서 벌어지는 동물 학대도 동물을 돈벌이 도구로만 여기기 때문에 일어나는 일이잖아요? 그러니까 동물을 학대하고 생명을 경시하는 행동의 밑바탕에는 돈벌이 중심의 경제 시스템과 같은 구조적인 문제가 깔려 있다는 겁니다."

진아에 이어 조금 다른 내용을 말한 건 유림이었다. 경제와 사회 구조의 문제까지 나와 아이들이 좀 어려워하는 듯했다. 그때 선생님이 슬쩍 끼어들었다.

"음, 경제 시스템 얘기까지 나오는 걸 보니 생각을 깊이 한 모양인데? 그러니까 지금 유림이의 주장은 자연과 생명의 문제는 단순히 사람들의 인식이나 마음가짐뿐만 아니라 사회나 경제, 정치와 같이 좀 더 구조적이고 근본적인 문제와 연관돼 있다는 내용인 것 같아요. 그렇죠?"

"네."

선생님의 칭찬에 기분이 좋아진 유림이 큰 목소리로 대답했다. 선생님의 얘기가 계속되었다.

"그래요. 어떤 문제든 그 밑바닥에 깔린 사회 경제 체제와 긴밀한 관계를 맺고 있다는 인식은 아주 중요해요. 그 문제에 대한 입장이나 관점이 어떠하든 말이에요. 자, 어느새 시간이 꽤 흘렀네요. 토론회를 슬슬 마무리해야 할 것 같은데, 할 얘기가 더 있는 사람?"

"네, 자연과 인간의 관계에 대해 조금 더 얘기했으면 합니다. 이거야말로 환경 문제를 바라보는 인식의 핵심이니까요."

정수가 할 말이 남은 모양이었다. 말투가 사뭇 진지했다. 하긴 마지막 토론회인 만큼 뭔가 아쉽고 부족한 느낌이 드는 건 다들 마찬가지였다.

"음, 우리 사람은 다른 생명체와 달리 세계를 변화시키는 존재입니다. 다른 동물이나 식물은 그저 자연에 적응하고 자연환경에 맞추어 생존만 해 나갈 뿐입니다. 하지만 우리 인간은 주어진 조건에 그냥 수동적으로 적응만 하는 게 아니잖아요? 자연을 바꿀 수 있는 뛰어난 지능과 지식, 기술과 문화 같은 능력을 갖고 있죠. 그래서 세상과 자연을 이끌어 가는 주체이자 주인공은 사람이 될 수밖에 없습니다. 이 분명하고 당연한 사실을 나쁘다는 식으로 얘기하면 안 됩니다."

빈틈을 찾기 어려운 주장이었다. 잠깐 침묵이 흘렀다. 골똘히 생각하던 진아가 어렵사리 입을 열었다.

풀이나 뜯어 먹고 나무 열매나 따 먹자?

"정수의 주장은 말 자체만 보면 맞는 것 같습니다. 하지만 현실을 직시해야죠. 오늘날 환경 위기가 심각해진 이유가 바로, 인간의 능력을 자연에 너무 무분별하고 난폭하게 사용했기 때문입니다. 개발과 경제 성장만이 최고다, 에너지나 자원은 아무렇게나 펑펑 써도 된다는 생각들이 다 그래서 생겨난 거죠. 인간의 능력은 좋은 쪽뿐만 아니라 나쁜 쪽으로도 사용할 수 있습니다. 환경 파괴, 전쟁, 테러 같은 것들이야말로 인간 능력의 부정적인 영향을 보여 주는 대표적인 사례가 아닐까요? 어떻든 그래서 지금은 지나치게 인간 중심적인 생각을 버리고 자연과 사이좋게 공존할 수 있는 지혜가 필요한 때라고 생각해요."

"그러니 오히려 인간 중심적인 태도가 더 필요한 것 아닌가요? 환경 위기가 심각하다는 것을 인식하고 판단할 수 있는 주체도 인간이고, 또 위기를 극복할 수 있는 힘을 지닌 주체도 인간이잖아요?"

"그거야 당연히 그렇죠. 좀 오해한 것 같은데, 제 얘기는 자연이 인간만의 욕심과 이기심을 채우기 위한 도구나 수단이 아니라는 겁니다. 그러니까 인간이 자연을 노예처럼 부리고 괴롭히는 게 아니라, 이제는 자연을 존중하고 배려하면서 더불어 평화롭게 살아가야 한다는 겁니다. 바로 이런 의미에서 사람과 자연은 친구라는 거예요."

"자연을 노예처럼 대하는 건 좀 지나치지만 근본적으로 자연은 인간을 위해서 존재하는 거죠. 사람이 풍요롭고 편안하게 살기 위해서 자연을 적절하게 개발하고 이용하고 바꾸는 건 불가피합니다. 옛날 원시시대로 돌아가서 풀이나 뜯어 먹고 나무 열매나 따 먹으며 살 수는 없잖아요?"

"아, 누가 풀이나 뜯고 나무 열매나 따 먹으며 살자고 그랬어요? 그게 아니라……."

정수와 진아에 이어 다른 친구들도 가세해 활발하게 의견을 쏟아 냈다. 토론회가 끝날 즈음에 다시 분위기가 달아올랐다. 결국은 선생님이 교통정리에 나섰다.

"자, 이제 좀 정리하죠. 다 좋은 얘기들이긴 한데 서로 비슷한 주장을 반복하고 있죠? 오늘의 주제는 세상을 바라보는 관점, 그러니까 가치관이랄지 세계관 같은 것이 밑바닥에 깔려 있기 때문에 서로의 견해가 팽팽하게 맞설 수밖에 없어요. 어느 쪽이 옳은가를 판정하는 게 오늘 토론의 목적이 아닌 건 잘 알죠? 중요한 건 이 문제를 깊이 궁리하고 공부해서 환경 문제를 더욱 잘 이해하는 거예요. 그러는 과정에서 각자 자신의 입장을 찬찬히

정리해 보도록 해요. 상대방의 주장도 염두에 두면서 말이에요. 잘 알겠죠?"

토론회가 서서히 끝나 가고 있었다. 다들 홀가분한지 선생님의 "알겠죠?"라는 물음에 "네!" 하고 우렁차게 대답하는 소리가 교실 안을 크게 울렸다. 그때 유림이 아직도 아쉬운 느낌이 남았는지 슬며시 손을 들었다.

"저기, 명랑이 말이에요. 진아가 명랑이와 함께 살면서 새로운 걸 많이 느꼈다고 했잖아요? 그런 걸 보면 뭔가를 직접 경험하는 게 중요한 것 같아요. 자연을 사랑하는 마음이나 감수성도 책이나 읽고 토론만 해서 생기는 게 아니라 직접 자연을 접하고 경험해야 제대로 생길 수 있지 않겠냐는 거죠."

내가 실천할 수 있는 일들

좋은 지적이었다. 친구들도 선생님도 고개를 끄덕끄덕했다. 그러면서 선생님은 이런 말을 덧붙였다.

"그래요. 사실 토론도 중요하지만 더 중요한 건 토론에서 얻은 내용을 일상생활 속에서 구체적으로 실천하는 거예요. 방금 유림이가 한 얘기도 그런 맥락이라고 할 수 있죠. 그래서 하는 얘기인데, 기왕 말이 나왔으니 그동안 우리가 다섯 번에 걸쳐 토론했던 내용들을 바탕으로 자신이 실천하고 싶은 것들을 각자 돌아가면서 한마디씩 얘기해 보는 게 어떨까요? 오늘이 마지막 토론회인 만큼 이런 얘기로 마무리하는 게 의미 있을 것 같은데?"

그러자 아까 고기를 좋아한다고 말했던 혜은이 먼저 입을 열었다.

"오늘 토론에서 육식 얘기도 잠깐 나왔는데, 사실 먹는 것에서 실천할 수 있는 게 많을 것 같아요. 솔직히 우리가 피자, 햄버거, 치킨 같은 패스트 푸드를 자주 먹잖아요? 그런데 이런 건 건강에도 안 좋지만 만드는 과정이나 유통하는 과정에서 환경 파괴를 많이 일으키는 음식들이죠. 또 집이나 식당

패스트 푸드는 환경을 많이 파괴하는 음식이죠!

'생태 발자국' 이야기

환경 용어 가운데 '생태 발자국 지수'라는 것이 있다. 이것은 인간이 살아가는 데 필요한 자원을 생산하고 쓰레기를 처리하는 데 드는 모든 비용을 땅의 넓이로 계산한 것이다. 이 수치가 높을수록 자연 생태계를 많이 파괴했음을 뜻한다. '세계 야생 동물 기금'이라는 국제 환경 단체의 조사 결과에 따르면, 2008년 기준으로 우리나라의 생태 발자국 지수는 조사 대상인 149개 나라 중 29위였다. 이는 세계 평균보다 1.7배 높은 것으로, 우리보다 잘사는 일본(37위)이나 독일(30위)보다 높았다. 그만큼 우리가 에너지와 자원의 낭비가 심하고 쓰레기를 많이 배출한다는 뜻이다.

전 세계 인구가 먹고 쓰고 버리는 데 필요한 면적은 약 지구 두 개에 달한다. 이미 지구가 감당할 수 있는 수준을 초과한 것이다. 전 세계인이 한국인처럼 산다면 서너 개의 지구가, 미국인처럼 산다면 네다섯 개의 지구가 필요하다. 지금 추세가 계속된다면 2030년에는 지구가 두 개, 2050년이면 세 개가 필요하게 될 전망이다.

에서 음식을 함부로 남기고 별생각 없이 버리는 경우도 너무 많고요. 이런 걸 먼저 고치고 싶습니다."

"음, 저는 컴퓨터 게임을 너무 좋아해서 좀 문제라고 생각해요. 엄마 아빠한테 툭 하면 꾸중을 들으면서도 자꾸 습관처럼 컴퓨터에 손이 가거든요. 좀 참으면 되는데 전기를 너무 낭비하고 있는 거죠. 텔레비전 보는 시간도 좀 줄였으면 좋겠고요. 아무튼 저는 전기 제품을 안 쓸 때는 전기 코드를 뽑아 놓는다든지, 불필요한 전등은 끈다든지, 전구도 부모님께 말씀드려서 절전형으로 바꾼다든지 하는 일들을 할 수 있을 것 같습니다. 참, 그리고 우리 집이 아파트 4층인데 엘리베이터를 타는 대신에 걸어 다니는 습관도 기르고 싶고요."

주로 전기 에너지에 대해 말한 것은 현준이었다. 다음은 유림이었다.

"저는 자연을 더 깊이 느끼고 체험하고 싶습니다. 그래서 숲이나 강, 갯벌, 논밭 같은 곳들을 자주 찾아가고 싶어요. 그래서 마침 아빠가 여행 다니는 걸 아주 좋아하시는데, 시끌벅적하고 상업화된 관광지보다는 자연의 소중함이나 아름다움을 몸과 마음으로 깊이 경험할 수 있는 곳으로 자주 가자고 말씀드릴 생각이에요. 그러면 자연을 아끼고 사랑하는 마음이 무럭무럭 자라지 않을까요?"

좋은 얘기들이 계속 나왔다. 곰곰 생각에 잠겨 있던 정수가 다음 차례였다.

"네, 저는 방금 현준이의 얘기를 들으면서 느낀 건데 전기뿐만 아니라 뭐든지 아껴 쓰는 습관을 기르고 싶습니다. 사실 우리가 함부로 쓰면서 낭비하는 게 너무 많잖아요? 학용품, 옷, 핸드폰, 물, 샴푸, 화장지 등 일일이 꼽자면 한도 끝도 없지요. 이런 것들 하나하나를 조금씩 아껴 쓴다고 그게 무슨 큰 효과가 있겠냐고 가볍게 여기는 건 잘못인 것 같아요. 내가 먼저 자그마한 것부터 실천하겠다는 자세가 중요한 거죠."

이제 민철과 진아가 남았다. 친구들이 중요한 얘기들을 앞질러 해 버린 탓에 둘은 무슨 얘기를 해야 할지 생각을 정리하느라 난감한 표정을 짓고 있었다. 잠시 머뭇거리다 먼저 나선 건 민철이었다.

"음, 정수 얘기와 연결되는 건데 저는 쓰레기를 덜 배출하는 것도 중요하다는 생각이 들었습니다. 제가 얼마 전 쓰레기 분리수거하는 엄마를 도와 드린 적이 있는데, 우리 집에서 나온 쓰레기를 보고 깜짝 놀랐어요. 하나하나 버릴 때는 잘 몰랐는데, 막상 한데 모아 보니 양도 엄청났고 무엇보다 아깝게 버려지는 게 너무 많더라고요. 일회용품도 무척 많았고요. 맨날 뭔가를 사고 쓰고 버리는 게 우리 생활이구나 하는 생각이 들었죠."

드디어 마지막으로 진아였다.

"휴, 제가 하고 싶었던 얘기를 친구들이 미리 다 해 버리는 바람에……. 음, 생각해 봤는데, 저는 건강하고 튼튼한 사람이 되겠습니다. 그렇게 되려면 음식도 골고루 먹어야 하고 운동도 많이 해야 하잖아요? 되도록 걸어 다니고 자전거도 자주 타면 좋을 거고요. 명랑이를 데리고 엄마, 아빠와 함께 뒷산에도 더 자주 가고요. 이러면 지구에도 두루 도움이 되지 않겠어요? 그리고 또 하나, 환경 문제에 대해 더 깊이 알아보고 싶다는 욕심이 들었습니다. 공부도 중요한 실천 중의 하나니까요."

짝짝짝! 여섯 명의 발언이 모두 끝나자 선생님이 힘차게 손뼉을 쳤다. 그러고선 만족스러운 목소리로 마무리 발언을 했다.

"네, 좋아요. 우리 모두의 노력으로 이런 실천들이 이루어지면 하나뿐인 지구가 더욱 아름다워지고 깨끗해지고 푸르러질 수 있겠죠. 덩달아 그 속에서 우리도 더 즐겁고 행복하고 안전하게 살 수 있을 거고요. 여러분이 매번 토론회 준비하느라 고생도 하고 애를 많이 썼는데, 앞으로 공부 측면에서나 생활 측면에서나 이번 토론회가 소중한 경험이 되었으면 좋겠네요. 그간 다들 수고 많았어요. 그리고 오늘은 토론회가 모두 끝나는 걸 기념해서 선생님이 한턱 내죠. 다들 빨리 정리하고 맛있는 거 먹으러 가요. 알겠죠?"

여기저기서 왁자지껄 환호성과 박수 소리가 울리며 갑자기 교실이 시끌벅적해졌다. 여섯 명의 친구들은 서로서로 손바닥을 마주치기도 하고 어깨를 부딪치기도 하고 등을 두드려 주기도 하면서 그동안 수고했다는 인사를 즐겁게 나누었다. 그렇게 환경 토론 모임의 다섯 차례에 걸친 토론회가 막을 내렸다.

또 다른 토론 공부 모임을 꿈꾸며

이제 집으로 돌아오는 길.

진아는 배도 부르고 마음도 불렀다. 배가 부른 건 선생님이 사 준 음식을 정신없이 맛있게 먹었기 때문이다. 마음이 부른 건 환경 토론 모임을 처음부터 주도적으로 제안해서 만든 장본인이었기 때문이다.

진아는 뿌듯한 성취감과 보람을 느꼈다. 특히 선생님과 친구들한테서 '좋은 일을 했다.'는 칭찬과 격려를 듬뿍 받았다. 물론 더 열심히, 더 잘하지 못했다는 아쉬움도 남긴 했다. 더 다양하게, 더 깊이, 더 철저하게 공부하지 못했다는 느낌도 들었다.

그래선지 부른 배를 두드리며 걸어가는 진아의 머릿속에는 슬며시 새로운 계획이 떠올랐다. 다른 분야와 다른 주제로 이런 토론 공부 모임을 또

한 번 꾸려 보는 게 어떨까 하는 생각이 든 것이다.

'음, 어떤 분야, 어떤 주제가 좋을까? 친구들이 이번처럼 열심히 참여할까? 무슨 새로운 방식은 없을까?'

이 생각 저 생각 하다 보니 어느새 집이었다. 명랑이가 컹컹 짖으며 쏜살같이 뛰어나와 진아 품에 안겼다.

함께 정리해 보기
사람과 자연의 관계를 둘러싼 쟁점

사람이 지구의 주인이다	논쟁이 되는 문제	사람은 자연의 일부다
고기, 가죽 등 사람에게 유용한 것을 제공해 주는 자원이다.	동물은 사람에게 어떤 존재인가?	사람과 비슷한 감정을 느낄 줄 아는 살아 있는 생명체다.
지구와 자연을 지배하고 정복하는 유일한 주인이자 지배자이다.	사람은 자연에 있어 어떤 존재인가?	자연의 일부이며, 지구에서 살아가는 다양한 구성원 중 하나다.
인간의 욕구와 필요와 이익에 따라 이용할 대상이다.	사람에게 자연은 어떤 대상인가?	인간과 더불어 공존해야 할 친구이자 공동 운명체다.
인간이 문명을 창조하는 과정에서 빚어지는 일일 뿐, 크게 걱정할 일이 아니다.	환경 위기를 어떻게 바라보아야 할까?	자연을 지나치게 많이 파괴함으로써 이 지구와 인간의 생존 자체가 위태로워지고 있다.